Patrick Christmann / Eros Amore

...und jeder Dichtung wohnt ein Zauber inne...

Patrick Christmann / Eros Amore

...und jeder Dichtung wohnt ein Zauber inne...

Bibliografische Information der Deutschen Nationalbibliothek:
Die Deutsche Nationalbibliothek verzeichnet diese Publikation in der Deut-
schen Nationalbibliografie; detaillierte bibliografische Daten sind im Internet
über http://dnb.dnb.de abrufbar.

© 2018 Patrick Christmann
Vierte, neu bearbeitete und erweiterte Auflage

Herstellung und Verlag: BoD – Books on Demand, Norderstedt

ISBN: 978-3-7322-8330-9

[A] Gedichte

... auf Sehnsucht und Freiheit
... Liebe und Leben
... Leichtsinn und Träume
... und den Mond als Wegweiser.

... auf Glück und Frieden
... Freude und Frohsinn
... Wonne und Spaß
... und die Sonne als Begleiter.

... auf Vergnügen und Lachen
... Lust und Laune
... Aufbruch und Umschwung
... und die Sterne als Gefährten.

... auf Milde und Sanftmut
... Ferne und Zukunft
... Glaube und Vertrauen
... und die Wolken als Zelt.

... auf Mut und Abenteuer
... Hoffnung und Wünsche
... Horizont und Himmel
... und den Wind als Richtungsgeber.

...auf das Leben.

Abenddämmerung

Das Abendrot ergießt,
der Himmel zerfließt,
die Erde rotgold glänzt,
der Horizont die Nacht begrenzt.

Erste Sterne kann man seh'n,
Grenzen in der Dämmerung zergeh'n,
der Mond langsam erwacht.
Es werde Nacht.

Rotgoldnes Schimmern, rotgoldner Glanz,
umweht den Himmel und die Erde ganz.
Tiefblaue Weite, rotgoldne Sonne,
Das Leben zu leben, in tiefer Wonne.

Du schöne Dämmerung, du schöner Abend,
Du schöner Sonnenuntergang, so herzerlabend,
Du schöne Röte, du schönes Abendlicht,
Du Geschenk der Freude und der Zuversicht.

Rotgolden ist die Nähe, rotgolden ist die Welt,
Rotgold leuchtet's in mei'm Herzen, rotgold das Himmelszelt,
Rotgold ist dieser Abend, rotgold so sei die Nacht,
Rotgold so sei das Leben, rotgold vieltausendfach.

Abend

Der Abend kommt heran,
er wirft schon seine Schatten,
die Sonne denkt daran,
sich auf und davon zu machen.

Die Sonne senkt sich tief,
weit über Berg und Wiesen,
der Mondschein, so er rief,
dass Tiere still genießen.

Die Abendröte taucht,
die Täler hin zur Ruhe,
der Schornstein, er nun raucht,
und draußen steh'n die Schuhe.

Gebettet in die Stille,
da der Tag nun ist vergangen,
ist es nun aller Wille,
den Frieden zu erlangen.

Der Abendsonnenschein,
zeigt seine Schönheit auf,
die Abenddämmerung, so rein,
zeigt der Gezeiten Lauf.

Das Glänzen dieses Abends,
nimm mit in diese Nacht,
und denke, während des Schlafens,
dass der Abendsterne dich bewacht.

Nacht

Die Sterne leuchten,
Und der Mond am Himmel wacht,
Ich hör von Ferne leichtes Keuchen,
In dieser hochherrlichen Nacht.

Am Firmamente goldnes Funkeln,
Und die Nachtigalle wacht,
Das Keuchen wird zu einem Singen im Dunkeln,
In dieser hochherrlichen Nacht.

Das dunkle Himmelsblau am Zenit,
Und mein Engel wacht,
Er nahm mich auf seiner Reise zum Himmel mit,
In dieser hochherrlichen Nacht.

Die Berge und Täler selbst träumen,
Ich bin der Einzige, der wacht,
Und lass meine Phantasie erschäumen,
In dieser hochherrlichen Nacht.

Das ist die Nacht,
in der Wunder geschehn.
Das ist die Nacht,
in der Träume entstehn
Das ist die Nacht,
sie lässt sich nicht zurückdrehn.
Das ist die Nacht,
sie wird kommen und vergehn.

Es waren die Nachtigallen und nicht die Lerchen,
die sangen und den Mond verkündeten.
Im Dunkel, ganz abgeschieden ein Liebespärchen,
deren Liebelei die Sterne aufs Schönste entzündeten.

Der Nachthimmel schenkt Ruhe und Stille,
und zudem leuchten Lichter bis weit nach Mitternacht.
Derweil ist in dieser Finsternis Gottes Wille,
dass Glück und Friede der Erde sei zugedacht.

Und wenn sich die Welt verfinstert und verdunkelt,
und wenn die Eule als Wächter gibt Acht,
wenn ein Fuchs einsam munkelt,
es ist doch eine wunderschöne Nacht.

Das ist unsere Nacht,
die unsere Liebe entfacht.
Das ist unsere Nacht,
finster, duster und doch sacht.

In dieser Nacht,
wird Freiheit gelebt und gedacht.
In dieser Nacht,
erleben wir der Liebe Macht.

In dieser Nacht,
die sich mit uns freut und mit uns lacht.
In dieser Nacht,
werden Träume und Wünsche vollbracht.

Und auch wenn ich in Düsternis bin.
Schau! Im Himmel und auf Erden
Die Nacht und das Dunkel geht hin:
Es wird Morgen werden.

Das war die Nacht,
in der Wunder geschehen sind.
Das war die Nacht,
ich träumte und ich lebte wie ein Kind.

Das war die Nacht,
sie lässt sich nicht zurückdrehn.
Das war die Nacht,
eine neue wird kommen und gehn.

Morgen

Der Mond legt sich nun schlafen,
der silberne Tau nun erwacht,
die Morgenröte und die Sonne sich schon trafen,
vorbei ist nun die Nacht.

Der Wind ist noch recht kühl,
man hat noch keinen Kummer,
man spürt ein neues, frisches, fröhliches Gefühl,
trotz der Täler- und Bergenschlummer.

Die Morgenglocken läuten,
das Mondlicht ist vergangen,
es liegt daran, die Zeit nicht zu vergeuden,
der Tag hat angefangen.

Der letzte Morgenbote,
ist ein funkelnder Morgenstern,
ich erlebe eine neue Lebensnote,
so hab ich den Morgen gern.

Tag

Welch ein Tag!
der Sonnenschein so lacht.
Welch ein Tag!
der mir so Freude macht.

Die Sonne strahlt,
das Vöglein singt,
der Himmel wie gemalt,
der Tag mir Freude bringt.

Oh, so ein schöner Tag,
die Arbeit ruft herbei,
ich mache, was ich mag,
Plagen ist heut einerlei.

Der Himmel ruft,
die Blüten und die Vögel kommen,
der Gärtner die Blumen stuft,
die Farben, die Fröhlichkeit!, hat zugenommen.

Jetzt beginnt auch der Regen.
Die Erde, sie nun Frische trinkt,
der Tag mit solchem Segen,
neue Lebensfreude bringt.

Ein Windhauch bringt die Frische,
es ist Zeit für neue Taten,
die Welt hat in sich nun das Überirdische,
in einen neuen Augenblick der Herrlichkeit wir traten.

Oh, welch ein schöner Tag,
ich durchlebe ihn mit Freude und mit Glück,
und frisch und frei heraus ich sag':
Oh, Tag, ja du, komm morgen wieder zu mir zurück.

Tage, wie dieser

Es sind Tage wie dieser, an dem ich mich langweile.
Es sind Tage wie dieser, an dem ich mal hetze, mal verweile.
Es sind Tage wie dieser, an dem nichts oder ganz viel geschieht.
Es sind Tage wie dieser, an dem mein Herz entflieht.

Die Tage kommen, die Tage gehen,
Die Tage bleiben nie einfach stehen.
Mal gehen sie schneller, mal ganz gemächlich,
Doch Tage wie dieser, sind sich nie ganz ähnlich.

Tage mit Sonne, Tage mit Regen,
Tage mit Trauer, Tage mit Segen.
Tage mit Bitterkeit, Tage mit Freude und Glück,
Tage, an die man sich gerne (oder auch nicht) erinnert zurück

Es sind Tage wie dieser, an dem ich an dich denke.
Es sind Tage wie dieser, an dem ich so vielem gedenke.
Es sind Tage wie dieser, an dem ich mich freue.
Es sind Tage wie dieser, und auch immer wieder neue.

Tage wie dieser, die mich einfach so zum Lachen bringen.
Tage wie dieser, an denen ich im Regen beginne zu singen.
Tage wie dieser, an denen mir plötzlich Glück widerfährt.
Tage wie dieser, an denen sich die Welt erklärt.

Ja, es sind Tage wie dieser,
mal sind sie wundervoll, mal sind sie mieser.
Ja, es sind Tage wie dieser,
mal sind sie liebreizend, mal sind sie fieser.
Ja, es sind wieder Tage so schön wie dieser.
Ja, es sind Tage wie dieser.

Regentröpfchen

Wie ein kleines Regentröpfchen,
flieg' ich im Wind umher,
wie dieses kleine Flöckchen,
fühl' ich mich gar nicht schwer.

Wie ein kleines Regentröpfchen,
fühl' ich die Freiheit hier,
ganz befreit ist so mein Köpfchen,
und auch das Leben mir.

Wie ein kleines Regentröpfchen,
werd' ich getragen zu der Erde,
falle auf ein schönes Löckchen,
so dass ich weitergetragen werde.

Wie ein kleines Regentröpfchen,
von den Wolken ausgeweint,
mach' ich Musik wie tausende goldene Glöckchen,
so dass die Sonne wieder scheint.

Eine kleine Träne,
löst sich von meinen Augen,
ich sitze hier und wähne,
und verliere meinen Glauben.

Die Träne wird vergossen,
weil du nicht bei mir bist,
weil meine Augen nun beschlossen,
wie sehr ich dich vermiss'.

Ich wein' die Träne aus,
weil ich so traurig bin,
sie kommt aus mir heraus,
doch wo ist ihrer Sinn?

Die Träne zeiget an,
wie es mir so ergeht,
und macht sich nun daran,
dass sie ganz schnell verweht.

Die Träne kommt bald wieder,
wenn ich herzlich lachen kann,
als Freudenträne durchzieht sie meine Glieder,
und wann kommst du wieder Tränchen? – Wann?

Das Tränchen lieb ich sehr,
in Freuden und in Leiden,
doch beim Freuen umso mehr,
kann ich mich an ihr weiden.

Motivationsgedicht

Lass die Sterne funkeln,
Lass den Mond erscheinen,
Sieh' das Licht im Dunkeln,
Denk ans Lachen nicht ans Weinen.

Spür' die Freude in dei'm Herz,
Öffne deine Hand zum Geben,
Sei belustigt, nicht verschmerzt,
Gehe froh durchs Leben!

Engel

Ich hab heute Nacht einen Engel geseh'n,
mit goldenen Löckchen und Flügeln,
Er war so bezaubernd, er war so wunderschön,
Ich kann meine Worte nicht zügeln.

An Engel muss man nicht glauben,
aber man kann ihnen begegnen,
Der Engel tut meine Liebe und mein Herz rauben,
Ein Engel ist 'was Himmlisches eben.

Ein Engel wird mich begleiten,
auf allen meinen Wegen.
Ein Engel wird mich begleiten,
in meinem ganzen Leben.

Mein Engel wird immer bei mir sein.
Mein Engel hilft mir, ich bin nicht allein.

Auf ein Wiedersehen

Sag ganz leise nur „Auf Wiederseh'n",
Man wird dich nie vergessen,
Es ist nun einmal Zeit zu geh'n,
Dich zurückzuhalten wär' vermessen.

Einmal muss ein jeder fort,
Man fragt nicht nach Warum und Wo?
Zu bleiben immer nur an einem Ort,
Macht niemand glücklich oder froh.

Geh deinen Pfad, geh deinen Weg,
So klein und steinig er auch sei,
Find über einen Fluss ein Steg,
Und träum dir deine Straß' herbei.

Auf der Straße, die du gehen magst,
Dort werden Blumen, Menschen und Gedanken dich begleiten,
Und die neuen Wege, die du wagst,
Wirst du nun selber vorbereiten.

Der Weg wird niemals noch so schwer,
Man darf ihn nicht bereuen,
Doch auch eine Chance ist die Umkehr,
um einen neuen, ander'n Weg – nicht zu scheuen.

Der Brief

Gestern bekam ich einen schönen und auch für mich wichtigen Brief.
Er war ganz einfach, er war aber auch bunt und die Adresse drauf war schief.
Nun wirst du nach dem Absender und Inhalt, ach, dem ganzen Brief, wohl fragen.
Aber, ätsch, ich sag's dir nicht und tu' dich damit plagen.

Der Taschendieb

Er macht geografische Untersuchungen in fremden Taschen,
Mit andern Worten: Er klaut Dinge aus Säcken, Jäcken, Löchern und Laschen.
Er entwendet, er mausert Dinge, er sucht und krallt,
Er ist schon aus dem Geschäft, wenn durch den Lautsprecher es schallt:
Hebet den Dieb, den Gauner, das Schlitzohr!
Doch zu spät ruft es der Ladendirektor,
Er hat schon alles stibitzt und mitgehen lassen,
Nicht mal die Polizei kann es fassen.
Der Spitzbube, der Langfinger oder schöner: der Entwendungsfacharbeiter,
Er macht sein erträglich' Geschäft einfach weiter.
Er fringst, er sucht, er räubert, und wo ist die Moral?
Ach, halt den Mund, geh zur Kasse und zahl, mir ist es egal, auch du hast die Wahl und die Qual. Außerdem wird mein Bier grade schal.

Ich seh' ein Sternlein funkeln,
ganz heimlich, still und leise.
Ich seh' ein Sternlein nachts im Dunkeln,
zieht einsam seine Kreise.

Das Sternlein geht mit mir die Wege,
zeigt mir ein Lichtlein auf.
Es leuchtet, wenn ich mich hinlege,
und ich schau gern zum Stern hinauf.

Das Sternlein lächelt mich auch an,
es leuchtet und ruft meinen Namen,
es ist mir Licht, wo es nur kann,
an hellen und dunklen Tagen.

Flamme

In mir ist eine Flamme,
ein kleines Lichtelein,
die brennt in meinem Herzen,
doch sie ist nicht allein.

Eine Flamme brennt am Feuer,
am Feuer bei der Glut,
die Flammenwärme ist mir teuer,
sie tut meinem Herzen gut.

Die Flammen züngeln wilde,
am Lagerfeuer und in meinem Gefühle,
sie stimmen alles milde,
vertreiben Dunkelheit und Kühle.

Die Flammen zeigen Wärme,
in ihrem rotgoldenen Gewimmel,
versprühen sie Ruhe, kein Gelärme,
und neigen sich zum Himmel.

Die Flammen sind so hell,
sie erwärmen mein Gemüte,
in ihnen findet sich ein geistiger Quell,
der fördert Freundlichkeit und Güte.

Das Feuer unbeschreiblich,
so schön, so phantasievoll,
so hübsch, so unvergleichlich,
so wie die Wärme sein soll.

Das Feuer ist die Flamme,
die Flamme ist die Glut,
die Glut ist in meinem Herzen,
entflammt Liebe, entflammt Mut.

Die Flamme helle brennt,
sie zeigt die Wärme und das Licht,
an der Flamme man erkennt,
nicht Dunkelheit, doch Zuversicht.

Der Weg ist das Ziel

Der Weg ist das Ziel,
nach links, nach rechts, geradeaus,
steinig und schwer,
schmal, weit und breit,
holprig oder vielspurig,
versperrt oder offen,
im Kreis drehend oder vorwärts,
der Weg ist das Ziel,
eng oder ausladend,
allein oder mit Gefährten,
am Straßenrand Freude und Leid,
Der Weg ist das Ziel.

Die Laute der Tiere

Der Hund bellt „wau".
„Oink" grunzt das Schwein, die Sau.
Das Ferkel quiekt.
Der Hahn kikerikit.
Die Biene summt,
der Bär brummt.
Das Küken piept,
weil's das Geräusch liebt.
Die Ente schnattert.
Das Huhn gackert.
Die Grille zirpt.
Das Pferd wiehrt.
Der Frosch quakt „quak",
weil er Stille nicht mag.
Der Esel verneint und bejaht,
indem er laut iaht.
Muh, muh,
macht die Kuh.
Auf der Wiese blökt jäh
das Schaf: „mäh, mäh".
Der Rabe krächzt,
weil der Ast ächzt.
Nachts sind alle Katzen grau,
tagsüber schnurren sie: „miau".
Bevor er trinkt noch einen Schluck
ruft der Kuckuck laut „kuckuck"
Wenn er nicht ruht,
der Uhu: uhut.
Die Ziege macht meckmeck,
und frisst das Gras weg.
Der Elefant trötet törööö,
das hört sich an wie „Adieu"
Die Vögel zwitschern und singen,
Rotkehlchen so ihre Laute erklingen.

Die Maus piepst,
so hell und herzallerliebst.
Die Taube gurrt und giert,
die Grille zirpt.
Und im Wasser, der Schwarmtrupp:
alle Fische machen da „blubb".
Was für ein Krach und Tohuwabohu,
aber wie machst eigentlich du?

(Afrikanische) Tiere

Grau wie die Maus,
groß wie ein Haus,
und tröten wie Musikanten.
Das sind Elefanten.

Schimmern ganz braun,
lustig wie ein Clown,
sie ärgern dich und gaffen.
Das sind Affen.

Geringelt der Schwanz,
trotten wie eine Gans,und watscheln nie alleine.
Das sind Warzenschweine.

Der Hals steigt weit in die Höhe wie ein Karusell,
ganz groß sind sie und gelb und schwarz ist ihr Fell,
sie lassen sich nicht einfach begaffen.
Das sind Giraffen.

Liegen den ganzen Tag nur herum,
halten alle anderen Tiere für dumm,
viele sind eine große Herde.
Das sind Nilpferde.

Er ist der König von allen Tieren,
er bewegt sich schnell auf allen vieren,
wenn er nicht jagt, scheint er nur zu gähnen.
Das sind Löwen mit goldenen Mähnen.

Sie jagen und fressen,
wer nicht aufpasst, wird von ihnen gegessen,
das Leben in der Steppe ist hart.
Aber oft nicht für: Tiger und Leopard.
Auf der Nase hat es ein Riesending,

es ist grau und Größe und Gewicht sind nicht gering,
manchmal hat es Ärger und macht Zorn.
Das ist ein Nashorn.

Sie sind schwarz-weiß gestreift,
sie wiehern vielleicht, wenn man pfeift,
sie sind ähnlich dem Pferd, das ist klar.
Es kann nur ein Tier sein: Das Zebra.

Sie ziehen umher und haben eine Art Geweih,
braun sind sie und stehen fast Reih an Reih,
Jagdopfer werden sie leider im Nu.
Das sind Gnüe, besser Gnus bzw. ein Gnu.

In großen Herden ziehen sie umher,
braun und stark, langsam und schwer,
sie haben Hörner und einen großen Schnüffel.
Das sind die Büffel.

Er geht auf zwei Beinen,
seine großen Eier sind nicht zu beneiden,
er sieht wie ein riesiger Vogel aus.
Das ist der Strauß.

Und nun zum Schluss,
man kann geben ihm vieles, auch einen Kuss,
er ist böse, gut, witzig, gehässig, nett; wär hätte das gedacht.
Es ist der Mensch. Vertrau ihm, hab aber auch vor ihm acht.

Afrika

Wenn durch die Palmen die Sonne scheint,
und man denkt die Menschen sprechen wie gereimt.
Dann kannst du dir sicher sein, oh ja,
du bist nicht irgendwo, du bist in Afrika.
Oh Afrika, oh, Afrika.

Mond und Sterne so hell, leuchtend und zahlreich in der Nacht.
Die Landschaft, Natur, Steppen und Bäume sind von Engeln und Gott
gemacht.
Die Palmen und der rote Sand von Mutter Erde so schön, oh ja,
dein Leben verändert sich in Afrika.
Oh, Afrika, oh, Afrika.

Wo Elefant, Löwe, Nilpferd und Zebras zuhause sind,
wo man Giraffe, Affe, Kojoten und Warzenschweine find't,
wo Tiere, Menschen und Natur in Einklang leben, oh ja,
das ist auf dem schwarzen Kontinent, in Afrika.
Oh, Afrika, oh, Afrika.

Berge, wo man mit Gott sich trifft und den Urmächten begegnet,
Berge und Dächer der Welt, auch grüne und graue Gipfel, sie sind gese-
gnet.
Dort findet man zu sich und sich selbst, oh ja,
du wirst eins mit dir und der Welt, in Afrika.
Oh, Afrika, oh, Afrika.

Die Menschen so freundlich, herzlich und unbekümmert,
trotz Widrigkeiten ist ihr Herz offen und nicht zertrümmert,
lässig, locker, lächelnd, lustig, fröhlich, oh ja,
gemütlich und nett, so sind die Menschen in Afrika.
Oh, Afrika, oh Afrika.

Das Leben geht hier seinen Gang, hat seinen eigenen Wert,
die Zeit ist relativ, alles läuft anders, aber nichts verkehrt.

Hier lebt man sein Leben, es ist wirklich kostbar, oh ja,
leben und leben lassen, in Afrika.
Oh, Afrika, oh, Afrika.

Und doch leidest du, Afrika,
So viel Leid: Armut, Durst und Hunger, Konflikte und Krieg,
Ausbeutung, Trockenheit und gegen Krankheiten und Epidemien kein
Sieg.
Despoten regieren, die Umwelt wird zerstört,
fehlende Bildung, kein Trinkwasser -
Deine Leiden werden leider nicht gehört.
Hilfe sei Afrika, Gerechtigkeit für Afrika.
Oh, Afrika, oh Afrika.

Und doch schenkst du Freude, schenkst du Glück.
Dein Land, die Tiere, die Menschen, das Leben
– vom Himmel ein Stück.
Du bist einmalig, du bist wunderbar, oh ja,
A sante Sana, Tansania,
Oh Afrika, oh, Afrika.

An die Völker, an die Erde, an die Welt...

An die Völker, an die Erde, an die Welt,
lebt und schenkt Frieden, der ewig hält.
Seht und erlebt: Es ist Zeit für eine neue Zeit,
Friede soll werden und sein, jetzt und in Ewigkeit.

Liebe Völker, liebe Erde, liebe Welt,
bewahrt die Umwelt und Schöpfung, bevor sie verfällt.
Hilft ihr, schont und schützt sie, beutet nicht aus,
Macht die Augen auf, packt an und geht hinaus.

Zu den Völkern, zu der Erde, zu der Welt:
Schenkt Freude, Glück und Frohsinn im Leben, im Wald, in Wiesen
und Feld.
Gebt allen Eintracht, Einheit, Sanftmut und Harmonie,
Seid ein Herz und eine Seele und lebt Demokratie.

Mit den Völkern, mit der Erde, mit der Welt,
hilf, wo du kannst, dass sich das Dunkel erhellt.
Sei bereit eigene Opfer zu bringen,
dann kann auch wahre Freundschaft gelingen.

Auf die Völker, auf die Erde, auf die Welt.
Verständnis und Respekt sei an deine Seite gestellt.
Toleranz und Mitgefühl sei allen gegeben,
Nur so lässt sich friedliebend gemeinsam leben.

Für die Völker, für die Erde, für die Welt:
Gerechtigkeit und Gewaltlosigkeit sei zu dir gesellt.
Gleichheit und Brüderlichkeit mögest du haben,
und Versöhnung und Freiheit seien deine Gaben.

Völker der Erde, Völker der Welt,
Friede sei mit euch, Friede, den ihr hergestellt.
Völker der Erde, Völker der Welt,

lebt Liebe – ganz offen, ganz ehrlich, ganz unverstellt.

...morgen bin ich vielleicht schon tot.

Ich lache, tanze, freue mich
vom Morgen- bis zum Abendrot,
und auch noch nachts, da feier' ich,
denn morgen bin ich vielleicht schon tot.

Ich lebe mein Leben, nutze die Zeit,
das ist mein Motto, mein Gebot.
Ich treibe in Glückseligkeit,
denn morgen bin ich vielleicht schon tot.

Ich liebe die Liebe, liebe meine Liebe,
ganz ohne Forderungen und ohne Verbot.
Noch funktioniert das Weltgetriebe,
aber morgen bin ich vielleicht schon tot.

Ich erfreue mich an meinen Gedanken,
Sie fliegen mir zu, ganz ohne Pilot.
Ich atme, ich bin, ganz ohne Schranken,
und doch: Morgen bin ich vielleicht schon tot.

Das Leben ist schön, es kommt uns zugeflogen.
Wir fliegen gemeinsam, so ist alles im Lot.
Wir lassen uns treiben, wie die Vögel schon zogen,
denn morgen sind wir vielleicht schon tot.

Mein Herz und meine Seele, sie singen und springen,
sie erfreuen sich dem Hier und Jetzt ganz ohne Not.
Und tut auch manches nicht immer gelingen:
Keine Panik, denn wenn wir Pech haben, sind wir morgen schon tot.

Friede den Hütten, Krieg den Palästen

Friede den Hütten, Krieg den Palästen,
Toleranz dem Fremden und Freundlichkeit den Gästen,
Nieder mit den Monstren und dem Menschenfeind,
so sei in Einigkeit und Harmonie die Menschheit vereint.

Friede den Hütten, Krieg den Palästen,
bei eurem Baum sei Gnade der Stamm und Eintracht hänge an den Ästen,
Reißt die Schlösser und Prachtbauten ein,
Verstellt dem Eitlen, Ekel und Egoist den Weg und stellt ihm ein Bein.

Friede den Hütten, Krieg den Palästen,
Hass, Terror und Neid soll die Welt nicht mehr verpesten,
Reichtum und Hochmut und Arroganz sei dem Ende geweiht,
Gute Menschen sind zur Freundschaft allzeit bereit.

Friede den Hütten, Krieg den Palästen,
Dem Bösen und Scheusal bleibt nur das Leben in dunklen Morästen,
Es ist Zeit für Versöhnung, Sanftmut, Gerechtigkeit und Glück,
Den Barbar, Peiniger und Unterdrücker gilt es zurückzudrängen –
Stück für Stück.

Friede den Hütten, Krieg den Palästen,
Freiheit, Milde und Gleichheit stehe in euren Manifesten,
Keinen Fußbreit mehr den Despoten, Narzissten und Querulanten,
Wir gehen Hand in Hand als Freunde und wie mit lieben Verwandten.

Friede den Hütten, Krieg den Palästen,
In Brüderlichkeit und Vertrauen feiern wir mit allen die schönsten Festen,
Kriegsverbrecher, Faschisten und Ungeheuer haben hier keinen Platz,
denn Liebe und Friede ist der Menschheit größter Schatz.

Friede den Hütten, Krieg den Palästen.

Verzeihen, Nachsicht, Reue und Vergebung geben wir zum Besten.
Friede den Hütten, Krieg den Palästen,
Toleranz dem Fremden und Freundlichkeit den Gästen.

Ich will mehr Meer

Ich will mehr Meer
Wellen, Brandung
Wasser wiegt schwer

Ebbe, Flut
Schäumende Wogen
Abendrotglut

Leuchttürme
Fähren und Dampfer
Wind, Nebel und Stürme

Boote und Schiffe
Ozeane
Klippen und Riffe

See und Meer
Freiheit
Alles wiegt schwer

Ich will mehr Meer
Ich will mehr/Meer

Setz die Segel! ...und ab in die Freiheit!

Lass die Piraten aufs Boot, Klabautermann.
Hiss die Segel, Maat. – Leinen los, Kapitän.
Smutje, zeig, was die Kombüse kann.

Steuermann, mach backbord und steuerbord.
Offizier, raus aus der Kajüte, Sturm kommt auf.
Ab auf die Ozeane, hinaus mit uns, hinfort.

Abhängig von Ebbe und Flut, von Wind und Segel.
Der Fahrtwind, uns drängt und treibt zum nächsten Ziel.
Wir treiben durch die Gezeiten, ohne Navigation und Regel.

Wir sind unterwegs aus sichere Häfen zu neuen Stränden.
Matrosen, sitzt auf, schwenkt das Steuer und richtet die Ruder.
Und falls wir doch kentern, unser Leben liegt in Gottes Händen.

Alle Wetter zusammen, gib acht auf Bug und Heck,
und wenn uns das Meer über dem Bullauge auch steht,
egal, was komme, wir sind treu, wir gehen nicht über Deck.

Lass uns Schiffe entern und den Anker nur an kleinen Inseln setzen.
Warten wir auf eine neue Brise und eine neue Bucht.
Uns wird schon nichts passieren, die Seekarten nicht sucht,
solang der Rettungsring nicht und die Koje wohlan sich mit Wasser be-
netzen.

Einzig Sehnsucht und Liebe, wir brauchen nicht viel.
Setz die Segel! ...und ab in die Freiheit!
Mast- und Schotbruch und immer 'ne Handbreit Wasser unterm Kiel.

Ich wate durch den Schnee,
dem Dorfe still entgegen,
in mir kein Schmerz und Weh,
des Weihnachtsfestes wegen.

In dieser besinnlichen Zeit,
wo Menschen sich vertragen,
ist wahrer Friede nicht mehr weit,
fern sind Trauer und auch Klagen.

Das Weihnachtsfest verbindet,
die Menschen miteinand',
Wer Liebe sucht, der findet,
geht mit ihr Hand in Hand.

Ich gebe von dem Frieden,
Ein Stückchen an jeden den ich seh',
dass alle Menschen nicht hassen sondern lieben,
so wat' ich durch den Schnee.

Die Botschaft dieses Festes:
Seid fröhlich, lieb und nett,
Jeder gibt sein Bestes,
und die Traurigkeit ist wett.

Spür den Winter

Spür den Winter in deinem Herzen,
Spür die Liebe ohne Schmerzen.
Fühl' die weihnachtliche Zeit,
Fühl' die zauberhafte Seligkeit.

Viele Englein hörst du singen,
Himmelsglöckchen laut erklingen,
Jesus kommt als Kind auf Erden nieder,
Und Friede entstehe allüberall wieder.

Friede auf Erden -
Soll überall werden.
Liebe werde allen Menschen zuteil,
Weihnachten bringe Freude und Heil.

Das größte Geschenk für uns alle
ist Freude im Herzen, Freude – erschalle!
Liebe deinen Nächsten und deinen Feind,
Liebe wie Jesus, damit Göttliches scheint.

Liebe und Frieden auf der ganzen Welt,
Und ein Lichtlein, das die Nacht erhellt.
Liebe und Frieden in uns allen sei,
Liebe und Frieden, komme herbei.

So spür ich den Winter und die heilige Nacht,
So spür ich, dass Gott über uns wacht.
Ich fühle durch Weihnachten himmlischen Frieden,
Ich fühle es geht, dass alle Menschen einander lieben.

Eine Liebe erscheint und erscheine in unserer Zeit,
Eine Liebe, die alle Menschen im Herzen vereint.
Eine Liebe, durch Jesus gegründet,
Eine Liebe, die alle Menschen verbindet.

Spür den Winter in deinem Herzen,
Spür die Liebe ohne Schmerzen.
Fühl' die weihnachtliche Zeit,
Fühl' die zauberhafte Seligkeit.

Schneeflocken

Vom Himmel fliegen sie herunter,
wenn sie fallen, meint man läuten alle Glöckchen,
sie sind zwar weiß, doch scheinen sie oft bunter,
Die schneeweißen himmlischen Schneeflöckchen.

Sie leuchten von fern wie ein Kristall,
und fallen auf einen Boden, der erst trocken,
und bringen trotz Nässe die Augen zum Leuchten allüberall,
Die schneeweißen himmlischen Schneeflocken.

Über Tal und Berge sind Schneedecken,
und auch über Stamm und Ast und Stöckchen,
die Schneekristalle so die grau' Natur verstecken,
Die schneeweißen himmlischen Schneeflöckchen.

Der Schnee leuchtet die Natur mit Wärme aus,
ich wate durch den Schnee begleitet von läutenden Glöckchen,
so geh' ich gern im Winter fröhlich hinaus,
Zu sehen die schneeweißen himmlischen Schneeflöckchen.

Der Esel von Weihnachten

Am Krippelchen steht fast allein,
ein kleines armes Eselein.
Neben ihm da steht sein Freund,
der Ochs, der mit ihm hat gestreunt.

Das Eselchen – geschlagen und geschändet,
im Stall in Bethlehm nun ist geendet.
Ausgebeutet von fast aller Welt,
ohne Liebe, ohne Obdach, ohne Geld.

Es schaut dem Treiben an der Krippe zu,
mit Treue, mit Freude und mit Ruh.
Das Jesuskind ist dort geboren,
und als Zeuge ist auch der Esel auserkoren.

Der Retter der Welt ist auf die Erde gekommen.
Gott hat hier Menschengestalt angenommen.
Jesus bringt Friede, Liebe, Hoffnung und Heil,
was auch dem Eselchen an der Krippe wird zuteil.

Das Eselein freut sich mit dem Ochsen seinem Freund,
denn beide sind von Engeln, Licht und Seligkeit umzäunt.
Endlich leben auch sie in Freude, Glück und Frieden,
denn ein Stück des Himmels ist nun auf Erden hienieden.

Das Eselchen wird nach der Geburt dann aber selbst zum Retter,
es trägt die Last für Maria und Josef, bei jeglichem Wetter,
es trägt das Kind und geht den Weg mit Jesus bei seiner Flucht,
als er in Ägypten Asyl und Unterschlupf vor Herodes sucht.

Den kleinen Jesus erfreut so das Eselein sehr,
und auch seine Eltern danken dem Eselchen umso mehr.
So konnte ein armes, liebes Geschöpf die Familie retten.
So können auch kleine Kreaturen befreien aus Ketten.

Das Eselein kann nun seine Freiheit und sein Glück leben,
denn es hat Jesus und seiner Familie Hilfe gegeben.
Geben auch wir anderen Hilfe, Freude, Liebe und Glück.
Schenken wir anderen den Himmel auf Erden – zumindest ein Stück.

Ein neues Jahr

Vorbei ist nun das alte Jahr,
mit Ärger, Streit und Scherereien.
Vorbei, was alles kam und war,
wie Krach und Beschwerereien.

Vorbei ist nun das letzte Jahr,
vielleicht ist das auch traurig.
Jetzt sind wir schon im Januar,
da wird mir fast ganz schaurig.

Das letzte Jahr verging ganz schnell,
wie alle Jahre auch zuvor.
Es war zu heiß, zu kalt, zu grau, zu grell,
im Vergleich zum Jahr davor.

Das Jahr bleibt in Erinnerung,
ein weiteres ist überstanden.
Und kommt keine Verwunderung:
Das neue ist ja schon vorhanden.

Das Jahr brachte manch Neuigkeit,
womöglich hat erreicht
uns auch ein bisschen Zufriedenheit
- Vielleicht!

Lass uns tanzen, lass uns singen,
lass uns scherzen, lass uns springen.

Für Neues ist man nie zu alt.
Neue Erfahrungen und kein Halt.
Neue Überraschungen, neue Einfälle,
und reiten auf einer neuen Welle.

Lass uns neue Ideen schmieden,
lass neu uns verlieben,
lass uns neue Wege und Pfade gehen,
lass neue Dinge und Taten entstehen.

Neue Freunde, neue Liebe, neues Glück,
neue Freude, frisches Lachen,
und vom Himmel ein Stück.

Gute Gesundheit, neue Träume,
frische Sachen machen,
und klettern auf Wunderbäume.

Lass uns phantasieren,
und leben wie die Kinder,
und ein bisschen Spinnereien nicht minder.

So wünsch ich mir das neue Jahr,
es wird wohl gut, wohl wunderbar.
Und denke wie Don Bosco ganz gelassen:
Gutes tun, fröhlich sein und die Spatzen pfeiffen lassen.

Die Blume am Wegesrand:
Erfreuet den Menschen, dass das Herz erglüht.
Die Blume aus des Schöpfers Hand:
Sie steht dort und sie duftet und sie blüht.

Nur eine Blume ist es.
Eine Rose, eine Tulpe?
Ich weiß es nicht.
Es ist eine Blume – nur eine Blume.

Und doch erfreut sie jeden, der dort geht und steht.
Jeder der dem Wege folgt.
Und alle sehen diese Blume.
Und jeder, der sie sieht, der lächelt.
Er lächelt, weil er die Blume lächeln sieht.
Und die Blume lächelt, weil sie angelächelt wird.
Die Blume blüht im Frühling und im Sommer.
Aber die Blume, sie blüht auch im Herbst und im Winter.

Wenn die Schneedecke sich am Wegesrand schon meterhoch erhebt.
Die Blume blüht und duftet und sie lächelt.
Und jeder, der auch dann die Blume sieht,
erblüht und lächelt,
erfreut sich und liebt.
Eine Liebe - erwacht in jedem größer als jedes Blumenmeer.
Eine Liebe - aus einer Blume entfacht.

Du, Blume

So schön du auf der Heide und im Moor blühst,
So zauberhaft du auf Feld und Wiese erglühst,
Du, Blume, bereitest Freude und bringst Segen.
Du, Blume, gedeihst und rankst auf vielen Wegen.

Du Blume, schenkst wohlige Düfte.
Du Blume, verzierst die Lüfte.
Du, sprießt in Oasen und bist farbenprächtig.
Du, Blume, bist von der Erde bis zum Himmel mächtig.

Knolle, Knospe, Halm, Stängel und Stöckchen,
Edelweiß, Veilchen und Maiglöckchen,
Blüte, Wipfel, Rose, Tulpe und Vergissmeinnicht,
mit diesem Allen schenkst du in Nase, Ohr und Auge eine neue Sicht.

Gänseblümchen, Ringelblume, Löwenzahn, Blatt und Laub,
Sonnenblume, Schneeglöckchen, Blütenpollen und Blütenstaub,
Oh Blume, Oh Blümchen, Oh Blümelein,
Du, sollst natürlich Liebe zeigen und Liebe sein.

Du Blume meiner Seele, Du Blume meiner Freude,
Du Blume meines Herzens,
Du Blume meiner Gefühle, Du Blume meiner Liebe,
Du Blume meines Scherzens.
Du machst mich glücklich, du machst mich fröhlich,
du machst alles wundervoll,
Du machst mich lieblich, du machst mich freudig,
du machst alles, wie es sein soll.

Danke, denn durch dich, durch Blumen, kann man reden.
Danke, denn du, Blume, schenkst Freude im Leben.
Danke Röschen, Danke Blümchen, Danke Blümelein,
Danke, denn du gibst der Welt neuen Freudenschein.

Der Baum steht dort,
seit hunderten von Jahren,
Einsam an diesem Ort,
wo auch wir einmal waren.

An diesem alten Baume,
da lernten wir uns kennen,
Es war wie in einem Traume,
doch mussten wir uns trennen.

Wo dieser Baume steht,
traf Amors Pfeil oft auf,
Aber auch die Liebe gelegentlich vergeht,
das nahm der Baum in Kauf.

Den schönsten Augenblick,
erlebten viele Menschen unter diesem Baum,
Auch für manch' bösen Trick,
war da ein Platz und Raum.

An dieser Örtlichkeit,
fand man Hass, Liebe und Gefühl,
und auch für Gedanken und Träume war Zeit,
egal ob innig oder kühl.

Der Baum sah allen zu,
Der Baum sah durch die Zeit,
Der Baum versprühte Ruh',
und war ein Stückchen Ewigkeit,
Der Baum der Glückseligkeit.

Ich wär so gern ein Baum

Ich wär so gern ein Bäumchen oder Baum,
dann könnte ich in Ruhe wachsen und gedeihen.
Ja, das wäre so mein Wollen, wär mein Traum.
Wer mag sein Ohr mir dafür leihen?

Ich wünscht mir eine dicke Rinde,
und viele, viele Zweige, viele Äste.
ein Liebespaar sich bei mir finde,
vielleicht sogar zum Hochzeitsfeste.

Ich wünsch mir einen großen, breiten Stamm
wo sich ein Herz einritzen lässt,
Ich wünsch mir Blüten gar nicht klamm,
und viele Früchte im Geäst.

Ich wünsch mir ganz, ganz viele Blätter
Ich wünsch mir Knospen und viel Grün.
Ich wünscht mir Gäste, nett und netter,
die sich um mich sorgen und bemühn.

Bei Wind und Wetter wäre ich ein Schutz,
für jedes Tier wie Igel oder Ameise.
Ich wäre schön und sauber, ohne Schmutz.
Und würd nur rauschen, aber leise.

Die Eule baut in mir ihr Nest, ihr Heim,
und singt dort mit dem Uhu nächtlich dessen Lieder.
Und auch der Siebenschläfer wäre nicht allein.
Ach, was es alles gäbe, immer wieder.

Vögel wären in meiner Krone,
Eichhörnchen würden mich besuchen,
ein Fuchs in meiner Nähe wohne,
und Wutzen womöglich mich verfluchen.

Wildschweine würden sich an mir reiben,
und es würde mich nicht interessieren.
Pilze können dagegen an mir austreiben,
und Hirsch und Reh bei mir dinieren.

Jedes Jahr bekäm ich einen neuen Ring.
Und glücklich wär der Wanderer in meinem Schatten.
Und wär ich einmal tot, so dass die Säg erkling,
hätt man von mir das beste Holz, die besten Latten.

Ich wär so gern ein Bäumchen oder Baum,
Jahrhunderte könnt ich so leben,
was wär das für ein schöner Traum,
was könnt es nur noch Schönres geben?

Eiche, Eichen und Eicheln

Eiche. Linde.
Die Eichel fällt.
Ups! Da steht die Buche.
Bei den drei weißen Birken.
Ahorn, Ahorn!
Oh, Tannenbaum - du Fichte!
Der schönste Baum ist immer noch die Eiche.
Lang lebe die Eiche. Gott schütze sie.
Sie steht hier. Sie kann nicht anders. Der Kirschbaum helfe ihr.
Eichel zu Eiche.
Butzel! Hutzel!

Wald und Wiesen

Über den Wald dieser Satz nun erklinge:
Denk an mich im Kleinen wie im Ganzen,
Und wenn morgen die Welt unterginge,
Es wäre noch Zeit ein Bäumchen zu pflanzen.

In diesem Wäldchen mögen wir uns wieder sehen,
Und wandern wir durch Wald und Wiesen.
Unter diesem Bäumchen mag unsre Welt entstehen,
Und bei dieser Reise wollen wir die Welt genießen.

Ja, stets beim Gang im Wald und auf den Wiesen,
Freu ich mich auf die Wanderung dorthin, dahin.
Ganz viel Blümchen und viel Kleeblättchen erpriesen,
Dort seh ich, dass ich fröhlich, dass glücklich bin.

Der Ausblick schenkt ein Stück Unendlichkeit.
Das Grün zeigt Hoffnung einer Erde, die gefällt.
Die Ruhe gibt uns Sehnsucht einer Ewigkeit.
Der Weg geht weiter fort und fort in dieser Welt.

Ein neuer Fels tritt uns ganz unbedarft entgegen,
eine neue Aussicht schenkt uns einen neuen Blick,
Wir gehen und spazieren auf neue Straßen, neue Wegen,
Egal was kommt: Schau nach vorne, schaue nicht zurück.

Gib den Weg frei, deiner lieben Freiheit.
Such die Sehnsucht, die dir Frieden schenkt.
Vergiss dein Ziel, stattdessen nutze deine Zeit.
Vertraue, dass zum rechten Weg du wirst gelenkt.

Einsam und verlassen,
ich bin traurig und allein.
Die Straßen und die Gassen,
sie scheinen leer zu sein.
Die Freunde und Familie,
sie sind nicht bei mir da,
die Freundin und die Umwelt,
als wär ich gar nicht wahr.

Niemand geht den Weg mit mir,
niemand steht mir bei,
die Welt nur noch ein „Ich", kein „Wir",
doch bald da bin ich frei.

Ich geh den Weg alleine fort,
ich geh den Weg – und dann?
Es gibt nicht Hier, es gibt nicht Dort,
es gibt nicht Wo und Wann.
Und doch ich sehe und ich seh',
Die Schönheit und das Licht,
ich weiß, ich stehe nicht, ich geh,
und wohin dann? Ich weiß es nicht!

Das Leben ist doch nicht so schwer,
man muss es nur leicht nehmen,
ich weiß, es gibt ein Wir und Wer,
man muss es nur (noch) den andern geben.

Durch die Dunkelheit zum Licht.
Durch die Nacht hin zu den Sternen.
Durch die Finsternis zum Mond.
Durch die Schwärze zur Sonne.
Das ist die Wonne, die Wärme, das Licht, die Quelle, der Glanz, die
Helligkeit, die Herrlichkeit.

Leben, um zu sterben – sterben, um zu leben

Du lebst, um zu sterben,
und du stirbt, um zu leben.
Zu schnell, um Glück zu erwerben?
Zu kurz, um Liebe zu geben?

Leben, um zu sterben. –
- das ist unser Sinn.
Sterben, um zu leben. –
- für das Handeln ein Gewinn.

leben und sterben,
sterben und leben,
verlieren, erwerben,
schuldig werden, vergeben.

Wir leben, um zu sterben,
und sterben, um zu leben.
Das Leben liegt in Scherben.
Wir müssen dem Himmel zuschweben.

Leben, um zu sterben.
Und sterben, um zu leben.
Keine Zeit, um Zeit zu erben.
Zeit sich zu erheben.

Leben, um zu sterben.
Sterben, um zu leben.
Den Tod färben.
Zeit, um das Leben zu erleben.
Zeit, um das Leben zu leben.

Die Blätter der Bäume rauschen.
Bald rauschen sie nicht mehr.
Im Herbst wehen sie im Wind und werden bunt.
Im Winter fallen sie ab.
Sie gehen zu Boden und verdorren.
Und alles ist Windhauch.

Die Tiere im Wald, im Feld, auf der Heide, in der gesamten Natur.
Unter der Erde, auf der Erde und über der Erde.
Sie graben. Sie schleichen und rennen. Sie fliegen.
Doch wohin? - wir wissen es nicht.
Auch sie werden eines Tages ein Ende finden.
Ein Ende unter der Erde, auf der Erde und über der Erde.
Und alles ist Windhauch.
Die Blumen im Feld, auf der Wiese, am Straßenrand.
Sie gedeihen und wachsen. Sie sprießen und blühen.
Ihre Farben erstrahlen. Ihr Duft erfreut.
Ein Zeichen des Lebens.
Sie werden verdorren. Die Blüten verblühen.
Und alles ist Windhauch.

Die Gebäude, die Straßen, die Häuser.
Erbaut zum Schutz, zur Hilfe, zum Leben.
Erscheinen und ziehen sich hoch in den Himmel und Horizont.
Wo früher alles brach war, kann man Leben erkennen.
Gebäude und Straßen und Häuser.
Werden zerstört, niedergerissen, vergammeln.
Bis sie sich auch nur noch in Schutt und Asche kleiden.
Und was sind sie dann?
Und alles ist Windhauch.

Der Mensch. Gekommen aus dem Nichts. Geboren.
Er wächst heran. Er blüht. Er liebt. Er freut. Er trauert.
Er lacht. Er weint. Er lebt.

Am Ende erliegt er dem Tod.
Bedenke Mensch, du bist Staub und wirst zu Staub zurückkehren.
Auch er ist, was alles ist.
Und alles ist Windhauch.

Und alles ist Windhauch.
Kein Sturm. Keine Stille.
Getrieben werden wir alle.
Vorwärts durch weite Lande.
Und sehen uns wieder.
Und sehen uns wieder in den Weiten der Ferne.
In den Sternen der Nacht, in der Sonne, im Mond.
Und wir sehen uns wieder.
Denn alles ist Windhauch.

Ein Windhauch, der uns treibt.
Ein Windhauch, der uns hindert.
Ein Windhauch, der in uns ist.
Wir sind der Windhauch.
Und alles ist Windhauch.

Ich weiß das Ende naht,
doch ich spüre ich gewinne,
und dennoch werd' ich vor dem Tode nicht bewahrt,
der Tod umnebelt mir die Sinne.

Der Tod bringt mir die Freiheit nah',
das Ende ist gekommen,
es wird mir alles hell und klar,
doch meine Sinne sind verschwommen.

Ich gehe nun endlich dort hinüber,
wo man den Anfang und das Ende findet,
ich gehe über diese Brücke drüber,
endgültig vom Leben entbindet.

Entschlafen bin ich – frei und leer –
so gehe ich aus dieser Welt,
mein Herz wird dabei mächtig schwer,
Oh, wie mir das doch nicht gefällt.

Doch gehen muss ich, es führt kein Weg vorbei.
Und gehen muss ich, das Irdische ist einerlei.

Trauer

Deine Tränen werden schon baldig trocken sein,
doch meine Tränen werden
nicht einmal bei mir sein.
Denn die Trauer bindet
mich ewiglich an dich,
und wenn sie sich noch findet,
dann nicht in meinem Ich.
In meinem Selbst verloren
bin ich und auch noch du,
in diesen finstren Worren,
siegt dieser Trauer Clou.

Es ist Zeit zu geh'n.
Ich bin müde, ich bin satt,
ich hab' genug von hier,
„Auf Wiederseh'n"

Mein Leben zog vorüber,
wie in einem Traum,
wie in meiner Phantasie,
geh ich nun hinüber.

Die Ferne ist mein Ziel.
Die Weite meiner Seele,
wird mir nun offenbar und zeigt:
Das Leben ist ein Spiel.

Der letzte Atemzug,
erweist mir seine Ehre.
Die Lichter dieser Nacht,
erleuchten meinen Flug.

Mein Flug durch weites Tal,
durch Wiesen, Berg und Feld,
befreit von allen Sorgen,
befreit von aller Qual.

Doch auch die milde Nacht,
zieht nun an mir vorüber.
Ich spüre einen Morgen.
Meine Seele neu erwacht.

Zeit zu Gehen (II)

Es ist nun Zeit zu geh'n.
Ich bin müde, ich bin satt,
ich sag „Auf Wiederseh'n",
ich hab genug, bin matt.

Mein Leben zog vorüber,
wie in einem Traum,
ich gehe nun hinüber,
dank meiner Phantasie spür' ich die Schmerzen kaum.

Die Ferne ist mein Ziel.
Sie wird mir offenbar und zeigte,
was ich wollte und gab, war zuviel,
nun aber umfängt sich meine Seele in der Weite.

Der letzte Atemzug,
erweist mir seine Ehre sacht,
er erleuchtet meinen Flug,
in dieser sternklaren, traurigen, stillen Nacht.

Mein Flug durch weites Tal,
durch Wiesen, Berg und Feld,
befreit von aller Qual,
eröffnet mir eine neue wunderschöne freie Welt.

Und auch die milde Nacht,
befreit mich von allen Sorgen.
Meine Seele neu erwacht,
ich spüre einen frischen Morgen.

Der Sonnenscheine scheint,
ins Paradies hinein,
ganz heimlich, stille weint,
das kleine Herzlein mein.

Die Trauer zieht vorüber,
das neue Leben ruft,
das Neue geht hinüber,
was das Alte daraus schuf.

Die Krone der Schöpfung: Der Mensch

Der Mensch ist die Krone der Schöpfung?
Der Mensch ist die Krone –
nicht der Kopf und nicht der Leib und nicht die Glieder.
Die Krone wurde gemacht vom Kopf, vom Leib und von den Gliedern.
Die Krone kann man einschmelzen. Nicht aber den Kopf, den Leib und
die Glieder.
Die Krone ist eine Sache. In ihr ist kein Leben. Und das ist der
Mensch?

Ein Mensch, der liebt, der lacht, der weint,
der sich erfreut, der Liebe lebt,
der mit Menschen ein „Du" erfährt.
Ein Mensch, der mordet, hasst und rächt,
der Kriege fordert und sie führt,
der sich über die Natur stellt und sie missbraucht, der Tiere tötet.
Er ist die Krone.

Schmelzt sie ein die Krone. Wir brauchen keinen König.
Schmelzt sie ein die Krone. Der Kopf, der Leib, die Glieder können
ohne sie.
Die Krone aber kann nicht allein bestehen.
Sie muss vom Kopf, vom Leib, den Gliedern anerkannt werden.
Die Krone ist ein Dornenkranz.
Der Mensch, man hofft, er wird und ist nicht Krone,
sondern ein Teil: Ein Kopf, ein Leib, ein Glied.

54

Jenseits

Jenseits des Lebens – der Tod.
Jenseits des Todes – Auferstehung.
Jenseits des Seins – ewiges Leben.

Jenseits der Wirklichkeit – Freiheit
Jenseits der Vorstellung – der Himmel.
Jenseits des Denkens – Wärme und Licht.

Jenseits der Sinne – Erfahrung.
Jenseits des Wissens – Gewissheit.
Jenseits der Hoffnung – Erlösung.

Jenseits der Liebe – das Paradies.
Jenseits des Glaubens – Wahrheit.
Jenseits des Ichs – das Du und Gott.

Jenseits des Todes – das Leben.

Das Leben erscheint als unser Verderben.
Und doch: Bleibt uns Hoffnung und Zuversicht.
Eines Tages werden wir alle sterben.
Aber an allen anderen Tagen nicht.

Für jetzt und für immer, von hier an bis in Ewigkeit,
Beachte, was auch kommen mag und nie vergiss:
Bedenke den Tod und nutze die Zeit.
Der Tod ist sicher, die Stunde ungewiss.

Nach dem Regen kommt die Sonne,
und manchmal ein Regenbogen.
Nach Kummer kommt Wonne,
und bisweilen auch Glück zugeflogen.

So ist der beständige Kreislauf hier auf Erden,
so ist allhier und allüberall auch der Gezeiten Lauf:
Dunkle Schatten ziehen auf. Es wird Nacht werden.
Und trotzdem geht immer wieder die Sonne auf.

Sei wachsam, denn du weißt weder den Tag noch die Stunde.
Sei wachsam, was auch immer kommen mag.
Sei beherzt, nimm Leid an, aber gehe nicht zugrunde.
Sei beherzt, den immer wieder kommt ein neuer Tag.

Vom Tod sind wir im Leben immer umfangen.
Bis zu unserem letzten Herzensschlag.
Ein Ratschlag sei mit dir jedoch immer gegangen:
Lebe! als sei es dein letzter Tag.

Sehnsucht

Ich sehne mich hinweg über die Grenzen der Erden,
nach der Freiheit, um glücklich zu werden.
Ich sehne mich nach der Sonne, dem Mond und einem Sterne,
nach allem, nach dem ich begehre so gerne.

Ich sah den Morgen, den Mittag, den Abend,
den Tag, die Nacht, die Dämmerung, die alles so labend,
und doch suche ich nach mehr oder nach etwas Ander'm,
und doch darf ich, meine Seele, nicht steh'n, muss weiter wandern.

Ich sehne mich nach der Schönheit, dem Lichte,
nach einer neuen Welt, nach einer neuen Geschichte,
danach wahrhaft zu lieben, sich wahrhaft zu freuen, wahrhaft zu lachen.
Ich sehne mich nicht nach dem Schlafe, sondern zu wachen.

Wach zu sein, wenn die Sehnsucht mich übermannt,
wenn ich befreit von der Welt mit ihr gehe Hand in Hand,
um eine neue Freiheit zu erlangen,
um mit der Weite meiner Seele ein neues Leben und neue Träume an-
zufangen.

Auferstehende Herrlichkeit

Durch die Dunkelheit zum Licht,
durch die Nacht hin zu dem Sterne,
von der Trauer Richtung Zuversicht,
in der Finsternis erleuchtet eine Laterne,
von der nachtschlafenden Erde zur erstrahlenden Sonne,
durch die Schwärze hin zum erhellenden Mond,
aus der Krise ersteht eine erglänzende Wonne,
in der eine neue, wärmende Quelle thront,
aus der Furcht erscheint ein frischer, fröhlicher Tag,
aus Verzweiflung entspringt freudige Helligkeit,
aus der Stille – ein klingender Glockenschlag,
Das ist die auferstehende Herrlichkeit.

Der Wind trägt mich weiter

Der Wind trägt mich weiter,
über Berge, Täler und Wiesen,
ich fühl' mich als endloser Reiter,
doch kann ich still genießen.

Der Wind trägt mich fort,
von woher ich gegangen war,
an einen neuen Ort,
der Wind, er ist so klar.

Ein Windhauch wird zum Wind,
und zeigt mir so sein Leben,
vom Alter hin zum Kind,
von Schulden und Vergeben.

Der Winde wird zum Sturm,
reißt alles ab und nieder:
Gedanken, Gefühle, Schlösser, Bäume und ein Turm,
woanders erbaut er es wieder.

Der Wind, der wird auf einmal still,
und ich werd' nicht weiter getragen,
der Wind, der macht was er will,
mit mir in Nächten und an Tagen.

Der Wind vertreibt die Wolken,
und zieht die Sonn' herauf,
er lässt Mond und Stern dann folgen,
der Wind ist unser Lauf.

Ein Wind, der reißt uns mit,
wo immer wir auch wandeln,
er folgt auf Schritt und Tritt,
uns beim Denken, Fühlen, Handeln.

Der Wind gibt uns den Stoß,
endlich etwas zu tun,
er macht was Kleines groß,
er hilft beim Gehen und beim Ruh'n.

Suche die Freiheit,
wo immer sie ist.
Suche die Freiheit,
die du so vermisst.
Suche die Freiheit,
flieg ihr entgegen.
Suche die Freiheit,
auf all deinen Wegen.
Suche die Freiheit,
im Hier, in Gedanken.
Suche die Freiheit,
und kenn keine Schranken.

Suche die Freiheit,
und wenn du sie gefunden:
Lebe die Freiheit,
unbefangen und unumwunden.

Lebe die Freiheit,
entflieh dem Gewimmel.
Lebe die Freiheit,
bis hin zum Himmel.
Lebe die Freiheit,
ungebunden und klar.
Lebe die Freiheit,
phantastisch und wunderbar.
Lebe die Freiheit,
die du gefunden.
Lebe die Freiheit
offenherzig in allen Sekunden.

Ich lebe

Ich lebe!
Bunter Regenbogen flieg
Ich lebe!
Reiß die Ähren aus
Ich lebe!
Spiel dein Lied
Ich lebe!
Zieh deine Jacke an
Ich lebe!
Geh in deinen Schuhen deinen Weg
Ich lebe!
Mache dein Werk
Ich lebe!
Pflücke die Blumen
Ich lebe!
Sei deine Zeit
Ich lebe!
Ich habe gelebt
Ich lebe!

Verliere dich, verschenke dich -
wirf alles weg von dir.
Gib auf, wirf hin -
lasse los von jeglichem Begier.

Entkomme und verlasse,
doch einfach diese Welt.
Verschwinde und verstoße,
was anderen gefällt.

Hinaus! Hinaus!
Vagabundiere und wandere.
Suche dich, suche das Neue,
suche das Andere.

Kündige dein Leben,
und entferne dich ganz sacht.
Beseitige deine Schranken,
und gib dennoch acht.

Leere deine Leere,
und fülle sie mit Raum.
Räume und verschiebe,
und lebe deinen Traum.

Vertreibe Zagmut
und Unentschlossenheit.
Verwerfe und verwehe dich,
und sei dann so befreit.

Beginne etwas Neues,
und lasse das Alte hinter dir.
Nutze und erlebe deine Zeit -
tanke davon Lebenselixier.

Nur wer aufgibt und verliert,
der kann sein Leben gewinnen.
Nur wer die Zeit vergeudet,
kann der Vergänglichkeit entrinnen.

Vergeude deine Zeit,
und lebe dein Leben.
Lebe jeden Augenblick,
lebe im Jetzt und nicht im Eben.

Schwebe durch dein Leben!
Schwebe durch deine Zeit!
Schwebe dem Himmel entgegen!
Schwebe in Richtung Ewigkeit!

Lebe, lebe, lebe!
Gebe, erbebe, schwebe!

Das Leben

Das Leben, das Leben.
Das Leben ist im Jetzt, das Leben ist im Eben.
Das Leben ist stürmisch, das Leben geht schnell;
Das Leben ist bunt, das Leben ist hell.
Das Leben ist schön, das Leben ist heiter;
Das Leben bleibt steh'n, das Leben geht weiter.
Das Leben ist grau, das Leben ist schwarz;
Das Leben hat es eilig, es ist in Hatz.
Das Leben ist ein bunter Regenbogen;
Das Leben ist ein Geschenk von oben.
Das Leben bringt Sonne, das Leben bringt Regen;
Das Leben ist wie ein Fluch, ist wie ein Segen.
Das Leben ist ein unendliches Labyrinth;

Das Leben ist wie eine Tasche, in der man sucht, in der man find't.
Das Leben ist ein Weg, das Leben ist wie Schuhe;
Das Leben bringt Hektik, das Leben bringt Ruhe.
Das Leben geht langsam, das Leben hat Zeit;
Das Leben ist vergänglich, das Leben geht in die Ewigkeit.
Das Leben hat Schatten, das Leben hat Licht;
Das Leben ist freiwillig, das Leben ist Pflicht.
Das Leben ist eine Blume, das Leben ist ein Baum;
Das Leben ist wirklich, das Leben - ein Traum?
Das Leben ist eckig, das Leben ist rund;
Das Leben ist wie Maus und Elefant, wie Katz und Hund.
Das Leben ist wie ein Spatz, das Leben ist wie ein Papagei;
Das Leben ist alles, das Leben ist einerlei.
Das Leben ist wie eine Tulpe, ist wie eine Rose;
Das Leben ist nackt, das Leben ist wie Hemd und Hose.
Das Leben ist wie ein Schloss, das Leben ist wie ein Schlüssel;
Das Leben ist wie Löffel, Messer und Gabel und wie eine Schüssel.
Das Leben ist (in) Bewegung, das Leben ist wie langes Warten;
Das Leben ist wie ein Haus, das Leben ist wie ein Garten.
Das Leben ist wie ein Kreis, das Leben ist wie ein Lauf;
Das Leben schließt sich, das Leben geht auf.
Das Leben ist wie ein Funke, eine Flamme, ein Feuer;
Das Leben ist mal günstig, mal ist es (uns) teuer.
Das Leben ist wie (pulsierendes) Blut in den Adern;
Das Leben muss man wagen, darf nicht hadern.
Das Leben ist ein Witz, das Leben ist eine Freude;
Das Leben ist im Morgen, im Gestern, im Heute.
Das Leben kann dir so vieles schenken, kann dir so vieles geben;
Das Leben ist Leben.

Ich will mein Leben zurück.
Ich will mein Leben leben.
Ich will das Leben spür'n.
Ich will leben.

Ich kann das Leben spür'n,
Ich kann leben.

In vollen Zügen.
Mit ganzem Herzen.
schwelgen,
laben,
erfreuen.

auskosten,
ausleben,
aus vollen Töpfen
genießen,
hingeben,
aus dem Vollen

frohlocken,
jubilieren,
vergnügen,
erfreuen.
Freude und Leben.
freuen und leben.
Glück und Liebe.
glücklich sein und lieben.

leben.
Ich will leben.
Ich kann leben.
Ich will das ganze Leben.

Ich will das volle Leben.
Ich will das Leben leben.
Jetzt.
leben.

Der Tunichtgut

Als Mensch zu doof, als Schwein zu kleine Ohren.
Als Saft zu abgestanden, als Wein nicht ausgegoren.
Als See zu dreckig, als Schwimmbad zu verchloren.
Als Elefant keine Zähne, als Mammut längst erfroren.
Als Nirwana zu schlecht, als Wurm wiedergeboren.
Als Frisur zu hässlich, als Schaf nicht gut geschoren.
Als Abstinenzler zu nüchtern, als Trinker dem Alk abgeschworen.
Als Fleisch zu trocken, als Braten zu verschmoren.
Als Freund zu böse, als Feind zu unverfroren.
Als Stein zu lebendig, als Findling zu verloren.
Als Engel zu lieblos, als Dämon vom Teufel nicht auserkoren.
Wasser kann gefrieren, Brot kann schimmeln,
Licht kann leuchten und Glocken können bimmeln.
Ein Hund kann „wau", eine Kuh kann „muuh",
Und was kannst du?
Nada, Niente, Null und Nichts,
Du Tunichtgut, Du Taugenichts.

Versprochen ist versprochen,
und wird auch nicht gebrochen.

8+1
11-2
5+4
13-2x2x1
alles neun.
Da kann man sich freun.
Meine Neun.
32 an der Zahl.
Mal witzig, mal fatal.
Fast immer gut gelaunt und froh.
Doch wo sind sie jetzt nur, wo?
Jetzt in der 10.
Es heißt, nicht stehen, sondern weiter gehen.
Ich wünsch euch alles Gute und macht weiter so.
Ihr seid super und toll. Weltspitzenklasse. Hey, YOLO!
Vivien, Sophie, Sophia und Jana
Annika, Annika, Annika, Kim.
Tobias, Maxi, Raphael, Martin.
Jonas, Alex, Daniel, Anna.
Adrian, Elena, Julia, Franziska,
Alina, Alisa, Melanie, Sarah,
Jana-Milena, Hanna, Leonie, Bianca,
Eric, Charlotte, Jennifer, Lena.
Danke für die schöne Zeit.
Ich wünsche euch weiterhin Klugheit und Weisheit.
9+1
13-3
5+5
7+3x1
Jetzt zehn.
Oh, wie schön.

Herr, lass Hirn vom Himmel regnen

Herr, lass Hirn vom Himmel regnen,
Lasse alle Hohlköpfe mit Klugheit segnen.
Gib den Dummen mehr Verstand,
Halte über aller Geisteszustand deine Hand.

Benötigt wird in unserer Zeit
Intelligenz und Gelehrsamkeit.
Drum hilf den geistig Armen,
Unabhängig ob Herren oder Damen.

Schwachköpfe drückt es oft ganz schwere.
Daher gehen sie in Lehre,
um auch mal Weisheit zu erspüren,
um auch mal in höheren Sphären ihr selbst zu führen.

Hilf dem Dödel, Idiot, Dussel, Knallkopf, Doofmann, Blödling,
Dem Esel, Flachkopf, Simpel, Tölpel, Trottel ein Gehirn bring.
Hilf dem Armleuchter, Kamel, Depp, Blödian, Narr und Tor,
Dem Hornochse und Einfaltspinsel strecke
                                    die kleinen grauen Zellen vor.

Herr, lass Hirn vom Himmel regnen oder schneien,
So brauchen wir nicht mehr zu dir um Hilfe schreien.
Herr, lass Hirn vom Himmel regnen – oder Steine,
Hauptsache, du triffst! Und machst dem Dummen Beine.

Nicht alles, was sich reimt ist ein Gedicht,
nicht alles mit zwei Backen ein Gesicht.
Zwei Backen im Gesicht und als Gesicht wär schön,
denn dann kann man ohn' Geleit nach Hause gehn.

Ein Gesicht mit Köpfchen und mit etwas drin,
damit man weiß, dass ich kein Doofkopf bin.
Ja, ich freu mich auf und über Intelligenz.

Denn ich hab hoffentlich gegen Schläue keine Abstinenz.

Herr, lass Hirn vom Himmel regnen,
Lass Schlauheit auch dem Knallcharge begegnen.
Herr, lass Hirn vom Himmel regnen,
Lass Wissen herabsinken und dem Unverstand entgegnen:
Herr, lass endlich ausreichend viel Hirn vom Himmel regnen.

Es mag sein, dass du selbst keine große Leuchte bist,
aber du kannst andere erleuchten.
Auch wenn dein Gerede Geschwafel ist,
so kann es deine Gehirnerweichungen vermindern und gute Ideen befeuchten.

Manche Menschen, die selbst kein Genie besitzen,
haben die bemerkenswerte Fähigkeit, den Geist anderer anzuregen.
Aus einer Null kann man aber eben keine 1 mehr schnitzen,
und auf deine Insel der Seligen kann auch kein Hirn mehr runterregnen.

Da helfen keine Pillen mehr, du bist ganz einfach dumm.
Bei den Doofen gehörst du im untersten Viertel zum letzten Drittel.
Als Landpomeranze arbeitest du dich höchstens in deinem Schlaraffenland krumm.
Du bist so blöööööööööööd ööööd mööööööd, mööööp, da gibt's kein Gegenmittel.

Mit deinem Beschränktsein wirkst du albern, dusselig und flach.
Du bist, wie soll man es anders sagen, begriffsstutzig, schwachköpfig und stumpfsinnig,
Dämlich, töricht, geistig arm und stupide ist dein Oberstübchen, dein Dach.
In deinem Wolkenkuckucksheim gehst du in die Hilfsschule scheinbar ganz innig.

Du verzapfst mal einen Lapsus, mal einen kleinen Fauxpas.
Im Denken zählst du zu den Debütanten.
Du Kanaille redest Mumpitz und Quatsch – leider wahr.
Du backst im Quadratschädel ganz kleine Brötchen und große bei schlechten Komödianten.

Wenn die Sonne der Intelligenz tief steht, werfen selbst Zwerge Schatten.

Doch wer schon im Schatten und Dunkeln steht, den kann selbst die Sonne nicht begatten.
Und wenn die Sonne der Klugheit tief steht, bekommt auch die Hohlbirne Strahlen zuhauf,
und selbst dem Dümmsten geht vielleicht dann noch ein Lichtlein auf.

Man kann dein oberstes Organ nicht von einem Hasenhirn unterscheiden,
Du bist ein Schafskopf, ein Primat und gleichzeitig eine Seekuh.
An deiner Idiotie kann man ganze Horden von Dummköpfen weiden.
Du bist ein Einfaltspinsel und ein Grünschnabel noch dazu.

Deine Erkenntnisse sind flach und tief wie das Tote Meer bei Ebbe.
Du bist so grün hinter den Ohren wie im Sommer saftige Täler und Wiesen.
In deiner Birne ist leider keine Oase in der Wüste des Unwissens, nur höchstens Steppe.
Du bist so geistig minderbemittelt, bei dir wird nicht mal in 1000 Jahren eine Brise Intelligenz sprießen.

Du Vollpfosten bist nicht gerade der Hellste,
auch nicht dann, wenn du in tiefster Dunkelheit mit einer Taschenlampe angestrahlt wirst.
Im Denken bist du einfach nicht der Schnellste,
Wenn ein Gehirn Wärme ausstrahlt und wärmt, ist klar warum du frierst.

Du bist ein Banause und einfach geistig umnachtet.
Man hat dir wohl ins Gehirn geschissen.
Du wirst sogar von Schwachmaten verachtet.
Mehr kann man dazu nicht sagen, du solltest es ja leider - wissen. -

So sollen Schüler sein:
Nicht fummeln, nicht bummeln.
Nicht pennen, nicht rennen.
Nicht schlafen, sich nicht mit Dummheit bestrafen.
Nicht stehen, nicht Gedanken verwehen.
Nicht grollen, nicht schmollen.
Nicht mobben, nicht kloppen.
Nicht beschimpfen, nicht lästern, nicht kränkeln wie gestern.
Nicht schwätzen, nicht raten oder schätzen.
Nicht sabbern, nicht plappern.
Nicht träumen, nicht schwänzen, nichts versäumen.
Nicht dumm babbeln, nicht den andern begrappeln.
Nicht ärgern und stören, niemanden betören.
Nicht jammern und meckern, nicht glotzen und kleckern.
Nicht schlagen und treten, nicht glauben und beten. (höchstens in Reli)
Keine Beleidigungen, keine Gewalt, im Lernen und Denken kein Halt.
Aufraffen und schaffen.
Lesen und ein angenehmes Wesen.
Lernen und Unwissen entfernen.
Toll und gehaltvoll.
Beflissen und eifrig, emsig und fleißig.
Lernstoff studieren, reflektieren und argumentieren.
Sehen, üben und verstehen.
Buchstabieren und trainieren.
Beachtung schenken und in Gedanken versenken.
Wissen aufspüren und Weisheit schnüren.
Denken und Gehirne verrenken.
Schauen und auf Klugheit bauen.
Überlegen und nach Lösungen streben.
Wichtiges betrachten und beachten.
Wahrnehmen und helfen und geben.
Dinge klären, sich gegen Ungerechtigkeit wehren.
Folgen und Regeln einhalten, Vorhandenes verbessern und gestalten.
Sich beschäftigen und interessieren,

merken, überlegen und konzentrieren.
Gegebenes in Augenschein nehmen,
anderen Fehlern verzeihen und vergeben.
Lieb, nett, freundlich und fröhlich sein
und alles gemeinsam, nicht allein.
P.S. Nicht vergessen: Ein bisschen Quatsch
und freundlicher Tratsch.
Und auch wichtig: Öfters mal Lachen und Späße machen!
So sollen Schüler sein.

Notenbekanntgabe

Es sollten schon die 15 Punkte sein;
Es klappte nicht. Oh, nein, oh, nein.
14 wären auch nicht schlecht;
Auch dadraus wurde nichts – zu recht.
13 Punkte – noch ne Eins;
Diese Note ist jedoch nicht deins.
12 – ein volles Dutzend, das wäre gut;
Nicht erreicht – so leid es mir tut.
11 Punkte – eine schöne Zwei;
Tja, da bist du klar dran vorbei.
10 Punkte – zweistellig geschafft?
Nicht gereicht – zu viel nicht gerafft.
9 Punkte – ist immerhin eine gute Drei;
Wieder sinds andere, du bist nicht dabei.
08 – im gesunden Mittelfeld gelandet;
Bist du nicht, du schwimmst, bist noch nicht gestrandet.
7 Punkte noch befriedigend;
Without you ...also nicht du – wie erniedrigend.
6 Punkte – immerhin nicht unterbelegt;
Doch dein Name wird nicht genannt. – Du bist wie weggefegt.
5 Punkte – die Vier ist die Eins des kleinen Mannes;

Du kommst nicht dran, tja, nur wer kann, der kann es.
4 Punkte – so langsam wird's eng;
Wieder nichts – die Benotung ist aber auch streng.
3 Punkte – davor wirst du wohl nicht geschont;
Aber nichtmal damit wirst du belohnt.
2 Punkte – das ist jetzt ziemlich schmerzlich;
Aber auch hier waren Arbeit und Lehrer wohl nicht herzlich.
Kurz vorm Schluss – immerhin noch 1 Punkt;
Du wirst nicht aufgerufen. Dir wird schwindelig und bunt.
0 Punkte – das hast du wirklich verdient – äh, nicht verdient;
Damit wärst du vollends mal wieder voll bedient.
Du hast doch immerhin deinen Namen richtig geschrieben,
Deine nette Art muss man doch irgendwie auch notenmäßig erkennen
und lieben.
Und plötzlich … du wurdest einfach nur ganz vergessen.
(Hoch die Hände, Wochenende!)
Glück auf! Oh, Was ein Leben!
Du bist nun groß genug; Die Noten (die du magst) kannst du dir jetzt
selber geben.
Wichtiger aber als Punkte und Noten ist wahrhaft zu leben, ehrlich zu
lieben und sich zu freuen;
Sehnsucht spüren! Abenteuer fühlen! Freiheit suchen! Träume verwirk-
lichen! Nichts bereuen!
Freunde, Freude und Glückseligkeit!
Und die Zeit nutzen – bis in Ewigkeit.
Ich sag jetzt noch eines nur:
Herzlichen Glückwunsch zum Abitur.
Jetzt ist erstmal eine Pause;
Alles Gute und kommt gut nach Hause.

In einem kleinen Augenblickchen
geschehen Freud und Missgeschickchen.
In einem kurzen Atemzug
kann geschehen Lug und Trug.
In einem flüchtigen Moment
spürt man bisweilen, was man Liebe nennt.

Carpe diem - Nutze die Zeit, denn sie ist kurz.
Spüre Freude, fühle Glück, lass dich nicht hindern vor Fall und Sturz.
Genieße den Tag, die kleinen Freundlichkeiten.
Lass dich erobern von Fröhlichkeit und nicht von Leiden.
Memento mori – Bedenke den Tod.
In dir sei jedoch dessen ungeachtet Lustigkeit, nicht Not.

In einem Augenblick
kann so unendlich viel Bedeutendes geschehen.
In einem Nu, in einem Lebensstück
kann sich etwas errichten, etwas verwehen.

In einem Augenblicke
mich Amors Pfeil zur rechten Zeit so zwicke.
In diesem kurzen Zeitpunkt
hat es tief in uns gefunkt.

Das Leben ist kurz, drum gilt es zu genießen.
Spür die Zeit, lass dich vor ihr nicht verschließen.
Ein Wimpernschlag kann dein ganzes Leben ändern.
Nutze und fühle ihn zu jeder Zeit, in jedem Augenblick, in allen Ländern.

Sag zu diesem Augenblicke: Halte ein! Verweile doch! Doch, nur ein
Weilchen, nur!
Genieße diese Sekunde, sie ist die Ewigkeit – gib ihr deine Signatur.
Der schönste Augenblick in deinem Leben,

lass dich ihm hingebungsvoll entgegenstreben.

Hohelied der Freude

Oh, Freude! Welch ein Jubel! Welche Wonne!
Mich durchströmen Sonnenschein wie Sonne!
Oh, Fröhlichkeit! Welch Spaß! Welch Wohlgefallen!
Lasst Jubelklänge von der Höhe niederschallen!
Oh, Hochgenuss! Oh, Vergnügen! Oh, Glückseligkeit!
Gaudium, Frohsinn und Triumph in Ewigkeit!

Erheben sollen sich die Gläser wie die Herzen!
Anschwellen die Witzigkeit, die Scherzen!
In Freude sing ich alle meine Lieder!
In Freude trifft sich alle Liebe wieder!

Lasst Freude und Begeisterung laut erklingen!
Lasst Fortuna und Entzücken uns besingen!
Lasst uns in Behagen und Beseligung beflügeln!
Lasst unsre Harmonie und unsern Einklang niemals zügeln!

Wenn ich Freude in meinem Herzen fühle,
steigern sich Wohlwollen, fern wird mir die Kühle!
Mein ganzes Wesen und mein Sein verlangt danach,
Behagen vermehret und vergrößert sich ganz ungemach!

Die Freude, die ich meine, die in meinem Herzen springt,
Die Freude, die in meinem Innern laut erklingt,
Dich lieb ich, deinetwegen ich mich freue,
Ich freue mich auf dich, so immer noch aufs Neue!

Anheben wird sich Frohmut in mir,
Verstärken wird sich solch Gemüt hier!

Jedweder Zeitpunkt, den ich so erlebe,
jedwede Sekunde ich nach solcher Freude strebe!

Dank sei dir Freude, Dank in jeglicher Verbindung!
Dank, denn du bist die herrlichste Empfindung!
In Inbrust will ich dich verspüren!
In Gefühlen dich in Erhöhung in der Höhe küren!

So schön ist Eintracht! Oh, so schön ist Friede!
So schön ist Herzenswärme! Oh, so schön ist Liebe!
So schön ist Freude! Oh, so schön ist Fröhlichkeit!
So schön ist Innigkeit! Oh, so schön ist Seligkeit!

Für jemanden bist du...

Für jemanden bist du das Sonnenlicht,
Für jemanden bist du ein Engel,
Schwing deine Flügel und flieg' Richtung Zuversicht,
Entfliehe dem alltäglichen Gedrängel.

Ein Sonnenlicht bist du,
das Wärme und Geborgenheit verschenkt.
Ein Engel bist du, der beisteht, der hilft und der lenkt.
Ein Sonnenschein bist du,
der glücklich macht und Wolken vertreibt.
Ein Schutzengel bist du,
der Vertrauen und Harmonie einverleibt.

Ein Sonnenschein, der ein Gesicht zum Lächeln bringt,
Ein Engel, der die schönsten, freundlichsten Lieder singt,
Ein Sonnenschein, der immer da, wenn man ihn braucht,
Das bist du, wie in den Himmel eingetaucht.

Sei nicht nur für jemanden ein Engel und ein Sonnenschein,
Sondern mögest du für die ganze Welt,
für jeden dieses Lichtlein, diese Freude sein.

Vergiss-mein-nicht

Vergiss-mein-nicht - vergiss nie deine schönsten Zeiten.
Vergiss-mein-nicht - vergiss nie die Menschen, die dich begleiten.
Vergiss-mein-nicht - vergiss nie deinen schönsten Augenblick.
Vergiss-mein-nicht - vergiss nie, es gibt auch immer ein Zurück.

Vergiss-dich-nicht - du bist der Himmel und die Erde.
Vergiss-dich-nicht - in Vergessenheit dein Sein nie geraten werde.
Vergiss-dich-nicht - gedenke deiner schönen Zeiten.
Vergiss-dich-nicht - in die Zukunft soll dein Schutzengel dich geleiten.

Vergiss dein Leben nicht - du lebst nur einmal und allein.
Vergiss dein Leben nicht - sei für die Menschen ein Sonnenschein.
Vergiss dein Leben nicht - nutze die Zeit, nutze dein Leben.
Vergiss dein Leben nicht - es kann dir soviel, es kann dir alles Glück so geben.

Vergiss-mein-nicht - du bist eine Blume, erblühe!
Vergiss-dich-nicht - dein Sonnenlicht erglühe!
Vergiss dein Leben nicht - Nutze deine Zeit!
Vergiss-dich-nicht - Lebe deine Freiheit.

...und dein Herz schlägt schneller!

und dein Herz schlägt schneller...
du bist nervös, du hast Herzklopfen,
du bist unruhig wie ein Bittsteller,
... und dein Herz schlägt schneller...

und dein Herz schlägt schneller...
du bist wonnetrunken, ekstatisch und berauscht,

dafür gabst du deinen letzten Pfennig und Heller,
... und dein Herz schlägt schneller...

und dein Herz schlägt schneller...
Harmonie, Frieden, Einklang durchdringen dich,
in deinem Leben sind sie die großen Weichensteller,
...und dein Herz schlägt schneller...

und dein Herz schlägt schneller...
du bist entrückt, angespannt und aufgeregt,
dein Herz springt dir in den Keller,
...und dein Herz schlägt schneller...

und dein Herz schlägt schneller...
erregt, rastlos, angst und bange ist dir,
Beklemmtheit, Besorgnis liegen auf deinem Lebensteller,
...und dein Herz schlägt schneller...

und dein Herz schlägt schneller...
du bist in einer beseelter Verzückung,
sie wirkt blendend, schrill und wird greller,
...und dein Herz schlägt schneller...

und mein Herz schlägt schneller...
sie geht an mir vorüber,
in meinem Innern wird es hell und heller,
...und mein Herz schlägt schneller...

und mein Herz schlägt schneller...
ich liebe sie, ich verehre sie,
in meinem Leben sei sie der Hauptdarsteller,
...und mein Herz schlägt schneller...

und mein Herz schlägt schneller...
wenn sie kommt, wird alles schön und bunt,
das Bunte wird bezaubernd und wird reeller…
...und mein Herz schlägt schneller...

Was gesagt werden muss

Was gesagt werden muss:
Ja.
Nein.
Ich mag dich.
Es ist aus.
Du bist toll.
Scheiße.
(Sehr) Gut gemacht.
Ich glaube an dich.
Du bist ein Idiot.
Du bist etwas (ganz) Besonderes.
Du hast Recht.
Du hast Unrecht.
Ich freue mich.
Ich hab dich lieb.
Ich bin traurig.
Ich habe Recht.
Ich habe Unrecht.
Ich bin stolz auf dich.
Toll.
Gut.
Wahnsinn!
Danke!
Bitte!
Entschuldigung!
Tut mir leid.
Ich liebe dich.
- das müsste mal gesagt werden.
- das musste mal gesagt werden.

Wer gibt dir Geborgenheit?
Von jetzt an bis in Ewigkeit.

Schutzlos und ängstlich gehst du auf deinen Wegen,
alles erscheint traurig und kalt,
in Bangen und Sorgen durchläufst du dein Leben,
hilflos suchst du nach Halt.

Eine Sicherheit kann dich beschützen.
Eine Geborgenheit kann dir nützen.
Eine Geborgenheit, die Liebe schenkt.
Eine Geborgenheit, weil jemand an dich denkt.

Du gehst den Weg, du gehst allein,
Nach Sicherheit sehnt sich aber das Wesen,
denn Zusammen und in Gemeinschaft sollte man sein,
wie es eigentlich sein wird, ist, und war gewesen.

Fühle dich in Sicherheit, weil jemand an dich glaubt.
Du bist geborgen, weil jemand dich kennt und deine Ängste lindert und
raubt.
Eine Geborgenheit schenkt Schutz und Segen.
Eine Geborgenheit schenkt Fürsorge und Vertrauen in deinem Leben.
Eine Geborgenheit, die sich in Freundschaft und Glaube zeigt.
Eine Geborgenheit schenken dir jemandes Worte und Taten, wenn es
Zeit.
Schenke und empfange Geborgenheit.

Auf die Freundschaft

Auf die Freundschaft,
die ewig hielt und ewig hält.
Auf die Freundschaft,
das Schönste dieser Welt.

Es lebe die Freundschaft,
in der man Pferde stehlen kann.
Es lebe die Freundschaft,
für jede Frau und jedermann.

Ein Hoch der Freundschaft,
und alle die durch dick und dünn gehen.
Ein Hoch der Freundschaft,
bleibe sie für immer bestehen.

Auf die Freundschaft,
wo sie fehlt, solle sie erscheinen.
Auf die Freundschaft,
Einer für alle, alle für einen.

Es lebe die Freundschaft,
solang es sie gibt, bist du nicht einsam.
Es lebe die Freundschaft,
Seite an Seite und alle gemeinsam.

Ein Hoch der Freundschaft!
Unseren Freunden wollen wir gedenken.
Ein Hoch der Freundschaft!
Lasst miteinander uns unsere Zeit verschenken.

Auf die Freundschaft!
Lasst sie besingen und von ihr reden.
Auf die Freundschaft!
Alle zusammen und jeder für jeden.

Es lebe die Freundschaft!
Wir sind ihr in Brüderlichkeit verbunden.
Es lebe die Freundschaft!
In Harmonie, ganz unumwunden.

Ein Hoch der Freundschaft,
wo wir ein Herz und eine Seele sind.
Ein Hoch der Freundschaft,
die uns begleitet wie ein Kind.

Auf die Freundschaft,
die uns in Einigkeit vereint.
Auf die Freundschaft,
nur die wahre ist gemeint.

Es lebe die Freundschaft!
Auf sie können wir bauen.
Es lebe die Freundschaft!
Und unser inniges Vertrauen.

Ein Hoch der Freundschaft!
Auf unsere Freunde und Gefährten!
Ein Hoch der Freundschaft!
Im Himmel und auf Erden!

Im Auftrag ewiger Jugend und Glückseligkeit

Wir alle sind unterwegs - im Auftrag des Herrn.
Wir alle sind da - wir alle helfen gern.
Hilfe und Wonne können wir alle uns und euch geben,
Wärme und Herzlichkeit fürs Leben.

Wir alle sind unterwegs - im Auftrag ewiger Jugend und Glückselig-
keit.
Wo wir alle sind, ist Friede, Verzückung und Freundschaft nicht weit.
Freunde für Lachen und Freude,
Freunde als des Wahnsinns fette Beute.
Freunde für gestern, morgen und heute.

Wir alle sind unterwegs - im Namen des Herrn.
Wir alle machen's einfach - wir alle sind dein Stern.
Jubele und frohlocke mit uns und allen.
Finde am Leben und am Guten gefallen.

Im Auftrag ewiger Jugend und Glückseligkeit,
so gehen wir vorwärts – leicht, fröhlich, befreit.
Im Auftrag des Herrn, um den Nächsten zu lieben und zu erfreuen.
Im Auftrag des Friedens und der Liebe - und um dieses Licht auszu-
streuen.

So seien wir selig, glücklich und freuen uns des Lebens,
dass unser Auftrag und Leben nicht vergebens.
So lasst uns lieben, lachen und scherzen,
und tragen die Glückseligkeit in unseren Herzen.

So lasst uns fröhlich sein,
gemeinsam, nicht allein.
So lasst uns Freiheit und Harmonie schenken,
und in Liebe und Frieden versenken.

Im Auftrag ewiger Jugend und Glückseligkeit,

freuen wir uns und schweben durch Raum und Zeit.
Im Auftrag des Herrn,
Er ist wie alle Freunde nicht fern.

Im Auftrag ewiger Jugend und Glückseligkeit -
Schenken wir Wohlgefallen, Ideen, Rat und Geleit.
Unterwegs im Auftrag des Herrn -
Wir haben uns halt gern. ☺

Wir sind Papst

Es geht aufwärts mit Deutschland.
Wir sind Papst.
Wir sind wieder wer.
Wir sind Papst.

Wir brauchen uns nicht zu verstecken.
Wir sind Papst.
Ein Ruck geht durch unser Land.
Wir sind Papst.

Welch Freude! Welch Glück! Welch Glorie!
Wir sind Papst.
Wir sind alle Papst.
Wir sind Papst.

Sind wir nicht alle ein bisschen Papst?
Wir sind ein Papst.
Man spricht über uns.
Wir sind Papst.

Wir alle sind Papst.
Wir sind Papst.
Wir sind wieder oben.
Wir sind Papst.

Wo wir sind ist oben,
und wenn wir einmal unten sind, ist unten oben.
Wir sind Papst.
Gott, hilf!
Wir sind Papst.
Oh, mein Gott!

Du bist Deutschland. *(Eine deutsche Ballade; Ein Gedicht von/für/über/aus Deutschland)*

Du hast Herz, Mut und Verstand.
Du bist das Wunder von Deutschland.

Ein Schmetterling kann einen Taifun auslösen.
Du glaubst das nicht, willst eindösen.
Der Flügelschlag aber, der den Windstoß entfacht,
entwurzelt vielleicht ein paar Kilometer weiter Bäume mit oder ohne
Bedacht.
Genauso wie sich ein Lufthauch zu einem Sturm entwickelt,
kann deine Tat wirken; kann es sein, dass sie prickelt.
Unrealistisch, sagst du?
Warum feuerst du dann deine Mannschaft im Stadion an – immerzu,
wenn deine Stimme so unwichtig ist?
Wieso schwenkst du Fahnen (während Schumacher seine Runden
dreht)? Wieso hast du dein Banner gehisst?
Du kennst die Antwort:
Weil aus deiner Flagge viele werden an jedem Ort,
und aus deiner Stimme ein ganzer Chor.
Du bist von allem ein Teil. Und alles ist ein Teil von dir. Stell's dir vor.

Du bist der Beistand.
Du bist Deutschland.

Dein Wille ist wie Feuer unterm Hintern.
Er lässt deinen Lieblingsstürmer schneller laufen und Schumi schneller
fahren. Nichts kann sie hindern.
Egal, wo du arbeitest.
Egal, welche Position du hast, was du begleitest.
Du hältst den Laden zusammen. Du bist der Laden.
Du kennst keine Sperren, du kennst keine Blockaden.

Du bist nicht irgendwer, sondern jemand.
Du bist Deutschland.

Unsere Zeit schmeckt nicht nach Zuckerwatte.
Als ob das jemals jemand auch behauptet hatte.
Mag sein, du stehst mit dem Rücken zur Wand oder dem Gesicht vor einer Mauer.
Bewege etwas als Aktivist, sei nicht nur Zuschauer.
Einmal haben wir schon gemeinsam eine Mauer niedergerissen.
Solche Taten dürfen wir nicht missen.
Deutschland hat genug Hände, um sie einander zu reichen und anzu-packen.
Lasst uns nicht lange herumflackern.
Wir sind 82 Millionen. Machen wir uns die Hände schmutzig.
Seien wir wertvoll und nicht nichtsnutzig.
Du bist die Hand. Du bist 82 Millionen.
So viele, die hier leben; so viele, die hier wohnen.

Du bist die Zukunft. Du bist nicht Stillstand.
Du bist Deutschland.

Also: Wie wäre es, wenn du dich mal wieder selbst anfeuerst?
Gib nicht nur auf der Autobahn Gas. Geh runter von der Bremse, wenn du steuerst.
Es gibt keine Geschwindigkeitsbegrenzung auf der Deutschlandbahn.
Pack deine Sache an, mit Schwung und mit Elan.
Frage dich nicht, was die anderen für dich tun.
Du bist die anderen. Du bist hier im Jetzt und Nun.

Du bist außergewöhnlich. Du bist imposant.
Du bist exorbitant.
Du bist Deutschland.

Behandle dein Land doch einfach wie einen guten Freund.
Du bist frei wie das Land, bist nicht umzäunt.
Meckere nicht über ihn, sondern biete ihm deine Hilfe an.
Bring die beste Leistung zu der du fähig bist - als Frau oder als Mann.
Und wenn du damit fertig bist, übertriff dich selbst.
Du bist mehr als der, für den du dich hältst.
Schlag mit deinen Flügeln und reiß Bäume aus.

Du verdienst für deine Taten mit Sicherheit Applaus.
Du bist die Flügel, du bist der Baum.
Verwirkliche dich selbst, verwirkliche dein Traum.

Du bist fulminant. Du bist brillant.
Du bist Deutschland!

Du bist dumm, blöd – kurz: ohne Verstand?
Dann bist du das Wunder von Deutschland.

Ein Schmetterling kann einen Taifun auslösen.
Das weiß jedes Kind mittlerweile, auch während dem Eindösen.
Der Flügelschlag aber, der den Windstoß entfacht,
zeigt die Flügel des Schmetterlings in seiner ganzen Pracht.
Genauso wie die Flügel des Schmetterlings schön sind,
bist du geistesarm, schwachköpfig und im Geiste blind.
Unrealistisch, sagst du?
Warum weißt du aber nicht einmal, was unrealistisch heißt, du blöde
Kuh.
Du erkennst, dass deine Stimme wichtig ist.
Wieso weißt du nichts von Sopran, Alt und Bass? Wieso hast du dein
Banner einfach nur so gehisst?
Du kennst die Antwort:
Weil aus einem Trottel viele werden an jedem Ort,
und aus einer Kakophonie ein ganzer Chor.
Du bist von allem ein Teil. Und alles ist ein Teil von dir. Stell's dir vor.

Du bist der Stillstand
Du bist Deutschland.

Dein Wille ist wie der Stuhl unter deinem Hintern.
Der Stuhl wird entfernt, du fällst mit deinem besten Teil auf den Boden;
Nichts kann dich hindern.
Egal, ob du arbeitest.
Egal, welche Position du hast, was du begleitest.

Du bist mal wieder besoffen, betrunken, bezecht, berauscht, hast geladen.
Beim Saufen und Feiern kennst du keine Sperren, kennst keine Blockaden.

Du bist nicht irgendwer, du bist ein Zustand.
Du bist Deutschland.

Unsere Zeit schmeckt nicht nach Zuckerwatte.
Eher nach Brötchen, viel Ketchup und gegrillter Ratte.
Mag sein, du stehst mit dem Rücken zur Wand oder dem Gesicht vor einer Mauer,
Geh doch ins Freie, in die Natur, egal ob bei Sonne oder Regenschauer.
Einmal haben wir schon gemeinsam eine Mauer niedergerissen.
Abrissarbeiter wollen solche Taten nicht missen.
Deutschland hat genug Hände, um sie einander zu reichen und anzupacken;
oder auch einfach einen leckeren Kuchen zu backen.
Wir sind 82 Millionen. Machen sich doch einige von uns die Hände schmutzig.
Der Rest sind wir. Seien wir wir selbst. Seien wir nichtsnutzig.
Du bist die Hand. Du bist 82 Millionen.
Lass also deinem Kopf dem Müßiggang beiwohnen.

Du bist die Zukunft. Du bist der Missstand.
Du bist Deutschland.

Also: Wie wäre es, wenn du dich mal wieder selbst anfeuerst?
Gib Gas, geh runter von der Bremse, wenn du in die nächste Kneipe steuerst.
Es gibt keine Geschwindigkeitsbegrenzung auf der Deutschlandbahn.
Pack deine Sache an, mit Schwung am Zapfhahn.
Frage dich nicht, was die anderen für dich tun.
Du bist die anderen. Zeit also für ein bisschen Rast, Pause und Ausruh'n.

Du bist die ruhige Hand.

Du bist geistig der absolute Tiefstand.
Du bist Deutschland.

Behandle dein Land doch einfach wie einen guten Freund.
Meckere nicht über ihn, sondern biete ihm an deinen Joint.
Bring die beste Leistung, zu der du fähig bist.
Es ist ganz wenig, wohl gar nichts, wahrscheinlich gar Mist.
Und wenn du damit fertig bist, übertriff dich selbst.
Vielleicht ist der Mist ja Jauche, die du in deinen Händen hältst.
Schlag mit deinen Flügeln und reiß Bäume aus.
Du verdienst für deine Existenz mit Sicherheit Applaus.
Du bist die Flügel, du bist der Baum.
Du bist Deutschland. Du bist ein Traum.

Du bist ein Dilettant, ein Denunziant und ein Intrigant.
Du bist Deutschland.
Du bist ein Komödiant. Du bist ein Querulant.
Wir sind Papst! Du bist Deutschland.

Du bist ignorant, infant, penetrant und riskant.
Du bist Deutschland
Du bist nonchalant und irrelevant.
Du bist Deutschland.

Du bist süffisant.
Du bist das Wunder von Deutschland!

Bier

Ein besseres Bier als das letzte,
ist immer: das nächste.
Trinken und fröhlich sein.
Prost!

Superheld – Mein Leben als Milchmann

Mein Leben als Milchmann war lang und langweilig,
ich brachte Milch der Hausfrau, mal langsam, mal eilig.
1 Liter Milch, 2 Liter Milch, 3 Liter Milch,
Kanne und Bottich,
Milch, Milch, Milch, hell, weiß, mager und fettig,
Vollmilch, fettarme Milch, Rahmmilch und andere Sorten,
zur Frau, zum Mann, zum Kind bring ich sie, und an andere Orten.
Milch von der Ziege, dem Schaf, dem Hasen, der Kuh,
Milch hin, Milch her, Mich da, Milch dort, Milch! – Ruh!

Milch ist doch blöde, Milch ist doch scheiße,
Milch hat immer nur eine Farbe, nämlich die weiße.
Wer will schon Milch, Milch ist so beknackt.
Weißt du was? Ich hab in deine Milch sogar gekackt.

Milch! Du Knilch! Du weißt ja gar nichts!
Ich reibe mich mit Milch ein und Kleopatra hat darin gebadet,
ihrem Aussehen hat das nicht geschadet.

Als Milchmann bin ich einmal in Milch gefallen,
als ich vergaß mich im Milchauto anzuschnallen.
Seitdem habe ich Superkräfte –
Ich überschütte böse Leute mit Milchsäfte.
Ich lasse Joghurt, Rahm und Käse auf Dämonen regnen,
Milch ist das Gute im Leben.
Milch ist Gerechtigkeit und Milch ist ein Segen.

Ich will verwandelt und ganz, ganz anders sein.
Nicht länger Mensch, sondern ein Tierelein.
Mit meines Herzens und meines Verstandes
Und trotzdem wäre ich gerne etwas anderes.

Ich will ein Käfer sein,
nur krabbeln in die Welt hinein.
An Wänden und Decken hängen,
und mich nicht überanstrengen.

Ich will ein Elefant sein,
dann hätte ich ein riesen Gehirn, gar ungemein.
Ich könnte die ganze Zeit essen, baden und in der Sonne sitzen,
und bei Hitze mich mit dem Rüssel nass spritzen.

Ich will ein Vogel sein,
und fliegen in den Abendsonnenschein.
Vom Wind werd ich getragen,
mit meinen Flügeln neue Routen einschlagen.

Ich will ein Schmetterling sein,
erst wie die Raupe Nimmersatt so klein.
Ich könnte mich durch die Welt zuerst essen.
Und dann fliegend die Welt besehen selbstvergessen.

Durch eine Verwandlung kann ich die Welt neu sehen.
Durch eine Verwandlung können andere mich neu verstehen.
Durch eine Verwandlung kann ich Neues erkennen.
Durch eine Verwandlung kann ein neues Ich entbrennen.

Eine Verwandlung schenkt eine neue Sichtweise.
Mit einer Verwandlung beginnt eine neue Reise.
Ein neuer Anfang, ein neuer Weg, ein neues Ende.
Eine Verwandlung – meine Schicksalswende.

Die Gedanken sind frei

Die Wand scheißt braun.
Aber das Eichhörnchen frisst die Torte.
Halt! Der Sensenmann kommt.
… Mensch sein – Mensch bleiben.

Doch balde ruhest du auch.
Opa kotzt ins Grab.
Uroma liegt drinnen.
Kotzt zurück.

Bunt die Töne der Bilder.
Bebildert die bunten Töne.
Betont die gebildeten Bunten.
Bunt, vertont, bebildert.

Freie Gedanken sind die,
die frei sind von Gedanken,
die nicht frei sind in ihren Gedanken,
die frei sind von ihren Gedanken.
Die Gedanken sind frei,
die frei sind in ihren Gedanken.
Frei sind die Gedanken.
Gedenkt der Toten.

Über die Toten nichts außer Gutes.
Salve, die Todgeweihten grüßen euch.
Carpe diem, Nutze den Tag.
Memento mori, Bedenke den Tod.

Der Baum pinkelt.
Die Sau säuft.
Der Eber ist auch schon völlig blau.
Die Ferkel sind total besoffen.

Die Eiche uriniert, sie pisst.
Sie holt alles aus sich raus.
Der Mittelstrahl ist der Beste.
Die Eiche pisst ein Stern in den Schnee (und: Es ist Sommer).

Hundsfott

Ist mir doch scheißegal.
Das geht mir doch am Arsch vorbei.
Hundsfott!
Ihr seid alle Hundsfotte und Hundsfötter.
Solch eine hundsföttische Hundsfötterei.
Hundsfott!
Ist mir doch egal. Total egal.
Du Schurke!
Du Hundsfott!
Meine Herren, mein lieber Herr Gesangsverein,
Meine sehr geehrten und verehrten Damen und Herren, ist das Hundsfott
bzw. ist das ein Hundsfott!
Hundsfott!

Die Ballade von der Scheiße

Kot kostet Scheiße
Dung, du Stuhl
Exkrement extrahiert Ausscheidung
Mist mistet in Jauche
Erguss ergo Austritt
Auswurf aus Pfuhl
Alles eins. Alles Scheiße

Es ist Mist sagt die Scheiße
Es ist Dung sagt das Exkrement
Es ist Kot sagt der Durchfall
Scheiße ist Scheiße sagt die Pisse
Es ist was es ist sagt der Pfuhl
Es ist ein Negerlein sagt die Wurst
Es ist Kacke sagt das große Geschäft
Es ist einen Braunen abseilen sagt die Notdurft
Scheiße ist Scheiße sagt der Urin
Es ist was es ist sagt der Ausfluss
Hinzu kommt noch das Pipi machen sagt der Stuhl(gang)
Es ist Pinkeln sagt das Schiffen
Es ist pullern sagt das Urinieren
Es ist klein machen sagt das Brunzen
Pissen ist Pissen sagen die Fäkalien
Es ist was es ist sagt das Pieseln
Es ist Wasser lassen sagt das Strullern
Es ist für kleine Jungen gehen sagt das Harnen
Es ist Bächlein machen sagt das Strunzen
Pissen ist Pissen sagt die Absonderung
Es ist was es ist sagt der Haufen
Es ist Schifferstadt sagt Darmstadt
Hinzu kommt noch das Speien sagt das Kotzen
Es ist Spucken sagt das Erbrechen
Es ist Bröckelchen lachen sagt das Wrogsen

Es ist Alles-nocheinmal-durch-den-Kopf-gehen-lassen sagt das Überge-
ben
Es ist Kübeln sagt das Reihern
Es ist dem Neptun opfern sagt das Kaddern
Es ist die-Fische-füttern sagt das Wieder-von-sich-geben
Es ist Kotzbue sagt das Vomieren
Es ist was es ist sagt das Kabbern.
Jetzt endlich, siehe, da bleibt der Absonderung die Spucke weg
Die Ausscheidung hat plötzlich Schiss
Das Exkret wendet sich ab.

Feste Konsistenz im Darme
nach dem Essen und dem Mahl,
wär' es flüssig wie das Harne,
wär' es traurig und 'ne Qual.

Das Essen und das Trinken
jetzt im Mensch, im Körper drin,
fängt es an zu verdauen und zu stinken,
doch man nimmt es einfach hin.

Die Leber, der Darm und der Magen
sich an dem Eingefüllten laben.
Der Kreislauf zurückgreift auf diese Einlagen,
um frisches Blut, Kraft und Energie zu haben.

Doch was macht man mit dem Reste,
überflüssig stößt man's ab,
holt sich auf dem Klo 'ne weiße Weste,
man entleert sich, defäkiert und kotet knapp.

Seine Notdurft man verrichtet,
Stuhlgang hat man - groß gemacht,
eine Wurst man macht und schichtet,
sein Geschäft man erledigt in den Schacht.

Abgekackt, abgeprotzt, ein Ei gelegt,

einen großen braunen Haufen hergestellt,
und dabei auch noch den Urin d'rauf bewegt
die Pisse so gebracht mit dem Strahl zur Welt.

's geht besser, die Verdauung ist abgeschlossen,
manchmal jedoch folgt noch das Erbrechen,
meist bei schlechtem Essen oder zuviel Alkohol kommt dies geschossen.
Schlechtes tut sie so schnell rächen.

Kommt der Durchfall in die Toilette,
tut das Klopapier besonders Not.
Der Konjunktiv „wenn ich das gewusst hätte",
mindert dabei auch nicht den Kot.

Mit dem Klopapier man säubert,
seinen Hintern frisch man macht,
und dann die Spülung räubert,
spült bis sauber dieser Schacht.

Hoffentlich gibt's keine Verstopfung dabei im Klo.
Dann müsste man nämlich ordentlich investieren,
um auf dem WC zu sitzen glücklich und froh,
und nicht in den Abfluss traurig zu stieren.

Die Kacke und Pisse nun in dem Rohre weitergleitet,
bis sie sich findet in der Kanalisation,
und dort dem Abwasser Sorgen bereitet,
dann aber in der Kläranlage findet die Endstation.

Dort wird die ganze Scheiße dann wieder gereinigt,
dort wird das Wasser wieder frisch und blank,
dort wird Hygiene mit Wasser wieder vereinigt,
und die Scheiße verschwindet, so wird man nicht krank.

Die Kacke und der ganze Dreck,
die Schadstoffe, Pisse und der Dung,

das alles ist nun endlich weg,
alles ist wieder sauber und in Ordnung.

So geht die Scheiße ihren Weg,
wie auch wir alle unser'n geh'n.
Die Strecke ist dafür Beleg.
Doch denk daran: Man wird sich wiederseh'n.

Auf's Klo gehen

Zu meiner Exkulpation möchte ich Folgendes renommieren:
Ich konnte mich leider nicht präsentieren,
Ich musste noch urinieren,
ergo abandonnieren.

Die Papageien

Die Papageien vögeln fröhlich.
Lesbierinnen, Lesbierinnen.
Ein Vogel fliegt nicht weit vom Stamm.
Da fällt der frühe Ast auf den Wurm.

Ein lesbischer Apfel
wird den Papageien zum Fraß vorgeworfen.
Sapalott! Heureka!
Die Papageierinnen sind selbst homosexuell.

Ein gleichgeschlechtliches Paar.
Der schwule Eisvogel zwitschert.
Man sieht sich! Man kennt sich!
Man schätzt sich! Man weiß wie der and're denkt!

Die Papageierinnen feiern Hochzeit.
Doch, Oh weh: Sie sind gar nicht lesbisch und Lesbierinnen.
Sie sind weder Papageierinnen noch Papageier.
Sie sind ein altes 721-jährig verheiratetes Kamelehepaar.

Die

Die der dort die.
da der da das.
die da, der da.
das da.
das.

Wer..., der...

Wer Schmetterlinge fliegen spürt,
der weiß wie Wolken fühlen.
Wer Elefanten frieren sieht,
der weiß ein Löwenbaby abzukühlen.
Wer Marienkäfer niesen hört,
der weiß wie Blumen sprechen.
Wer Schweinebeine schmeckt,
der weiß wie Raben sich so rächen.
Wer Zebrastreifen riechen kann,
der weiß mehr als ein Äffchenmann.
Wem Kamelehöcker in den Ohren klingen,
der weiß ein Lied von Papageien zu singen.
Wer Giraffen husten sieht allein,
der weiß zu trotten wie Warzenschwein.
Wer Papa Gockelhahn ein Rad schlagen lässt,
der kräht wie ein Fisch, und kuckuckt wie die Eule bläst.
Und wem ein Nilpferd ein Liedchen pfeift,
der ist in Sonnenstrahlen zu stark gereift.

Beim Barte des Philosophen

Der Bart allein macht noch keinen Philosophen.
Quod licet jovi, non licet bovi.
Alia iacta est. Die Würfel sind gefallen.
6-er Pasch.

102

Wir

Wir
Ich
Du
Ihr
Sie
Er
Es
Sie
Wir

Läuft

Bubadas, Bubadas.
Bonduell. Bobibchen.
Bodüre.
Die goldnen Englein blau geschrien.
Die Eiche schwenkt die Fahne Tag.
Das Hemd übernachtet heute nicht zuhause.
Biete Bitte vielleicht.
Licht lacht.
Zeit.
…und immer ist es die Liebe.
Putzen, Püppchen.
Rohrkrepierer mit einem 18er Kantholz.
Läuft.

Ein Tonprotokoll erleidet Kappes. Knorke!
Würzelein saufen Schadenfreiheitsrabatt
Andererseits vergast die Saure-Gurken-Zeit
Der Dinkel verabschiedet sich mitternächtlich.

Mix domestiziert den Verzicht
Sarrass Hof Tetralogie
Wieder gut zu machen Bläschen anglikanisch
Schmähwort Iden Regie.

Der Maestro kommt brüchig heim
Präteritopräsens dem Russe folgend
Die Schaukel speit halbnackt der Zitadelle
Und alle Persilscheine dienen diesem Dieb.

Vexierbild bis ins Kleinste Schlüsselposition
Zweiliterflasche Carport Pansophie Schmelzhütte
Titoismus Hinterbringung andere ziemen sonach
Majonäse Dr.-Ing. panta rhei wollen Wort panschen.

Flötenbläser überbehalten Plenum kotzerig fotogen
Die Banane ruckt Gepäckaufbewahrungsschein Schwaps
Andromeda Pjöngjang saugen überwintern variabel
Ziergarten Gemüt Kantine da anhaben Fortuna tiefgehend.

Rebellion

Rebellen essen Mittagessen.
Aufruf zur Revolte!
Löffel.
Das silberne Festtagsgeschirr oxidiert.
Oxidoxidation während der Redoxreaktion.
$H_{26}N_1OH^{(-2)}$
Atomare Neutronen protonieren Moleküle.
Ion.
Rebellion.

Der Satz des Pythagoras

Jeder Winkel im Halbkreis ist ein Rechter.
Nazis raus!
Außer die rechten Winkel im Halbkreis, die sind links.
Alles linke Kommunisten!
Genossen!
Völker, hört die Signale!
Im (Ganz bzw. Voll-) Kreis ist alles voll.
Prost!
Winkel
spitz oder stumpf?
$360 - 180 - 90\ °$
Celsius oder Kelvin oder Fahrenheit?
$a^2 + b^2 = c^2$
Beim Satz des Pythagoras fehlt das Verb.

Brumm, brrrrrrrrruuuuuuuuuumm
Zisch
Zisch
pfffffffffffffffffffft
Quiiiiiiietsch
Hey!
Frischer Fisch! Frische Eier! Frische Blumen!
Fleisch!
bum – bum – bum!
Party!
Schluck! schluck!
gurgel
Aua!
Bäng! Bäng!
röchel
Hallo!
Tut – tuuuut!
Miiiiep!
Fahrkarte bitte!
Ich fick dein Leben!
Yeah!
Juhuuu!

Mir stinkt's, du Frechdachs!
Mir reicht's, du alter Lümmel!
Ich helf dir gleich, du Schlitzohr!
Pass bloß auf, du Schlingel!
Wehe, du Schlawiner!
Aber hallo, hallo, hallo, Rabauke!
Jetzt gib's gleich von denen, die nichts kosten, du Kanaille!
Ich glaub's dir wohl, du Lump!
Komm du mir nur, du Schurke!
Noch einmal, Spitzbube!
Oh, oh, oh, du Schuft!
Aber jetzt, Gangster!
Ja, ja, ja, du Gauner!
Hey, du Bengel!
Warte, du Schelm!
Mach nur so weiter, Halunke!
Nein, nein, nein, du Luftikus!
Jetzt geht's los, du... du Flegel!
Meine Meinung:
- smiregal. smiregal. smiregal.
Puh.
- Mein Fehler.

Wer kann, der kann

Warum? – Weil ich's kann!
Warum? – Weil wir's können!
Ob Frau, ob Mann,
Wer kann, der kann.
Womit? – mit Recht!
Schau rüber, Schau an,
Schau mich an.
Weil ich's kann.
Von mir kannst du noch was lernen,
ansonsten musst du dich entfernen.
Wir sind nicht irgendwo, es geht nicht irgendwie,
und auch nicht irgendwann.
Können muss man's. Und ich kann.
Mach dich auf und schau, wie alles begann.
Versuche es, wie ich es versucht habe,
Versuche dich und suche deine Gabe.
Ich hab es einfach gemacht,
und mir nichts dabei gedacht.
Und das Schöne daran:
Weil ich's kann.

Quadrate sind Dreiecke,
Kegel sind Pyramiden,
Die Gerade trifft sich bei der Tangente:
Guten Tag!
Die Hypotenuse grüßt ihre Schenkel.
Summa summarum ist die Summe unzufrieden.
Der erste Summand beschimpft den zweiten Summanden:
Das Integral fehlt, wir haben doch keine Funktion!
Solch eine Addition!
Da ist doch glatt der Sinus der Tangens, du Kosinus!
Jetzt verhält sich aber jemand sehr exponent.
Potenz! Potenz!
Man meint es fehlt die gemeinsame Basis.
Dann jedoch kommt die Subtraktion:
Der Minuend ist negativ, der Subtrahend positiv,
Glück für die Differenz: Gegensätze ziehen sich an.
Wir brauchen mehr Logarithmus.
Hyperbel! Hyperbel!
Glücklicherweise gibt es Pi.
Man muss nur noch die Wurzel ziehen.
Aber da steht ja noch die Klammer!
Nun regt sich die Arithmetik auf,
die Analysis stimmt zu,
nur die Stochastik sieht dies als unwahrscheinlich an.
Die Multiplikation verweist auf verschiedene Faktoren:
Multiplikator und Multiplikand.
Was für ein Produkt!
Da sollte man mal Kombinatorik anwenden!
Das ist ja weder reell noch rational.
Ganz schön komplex, das Natürliche.
Eine Menge an Zahlen.
So sehen es Zähler und Nenner.
Die Primzahlen lachen.
Da greift die erste Division an:

Der Dividend rennt vor, der Divisor folgt.
Warum auch du, Quotient?
Welch ein verkommenes Element!
Da fehlt die gemeinsame Schnittmenge!
Leider laufen alle parallel.
Senkrecht zur Waagrechten.
Die Fakultät zieht da die Strecke in die Länge.
So was ist nicht mehr kongruent.
Ach, gäbe es nur den Einheitskreis.
Dann stimmten auch die Mittelwerte der Geradengleichung.
Die Ellipse sagt den Höhensatz:
Wird der Kegel stumpf, ist es ein Kegelstumpf.
Jetzt bräuchte man wieder einige Würfel Zucker,
dann könnte man der Zahl (oder dem Zahn) die Wurzel ziehen.
Aber die Kongruenz rückt nicht die Koordinaten raus.
Länge, Breite, Höhe?
Egal. Es kommt nur auf den Durchmesser an.
Höchstens der Radius ist größer.
Höchst amüsant für die Kugel.
Deren Mittelwerte treffen sich beim Parallelogramm.
Wenn die Winkelsumme aber erst ihre Proportionen herausholt,
dann wird der Rhombus zur Raute.
Meine Herrn, was für Terme!
meint das Prisma vor der Pyramide und wird zum Quader.
Das Vieleck lächelt das Trapez über das Rechteck an,
und flirtet mit einigen Sätzen von Pythagoras, Thales und Euklid.
Da zieht der Zylinder seinen Hut und antwortet mit Strahlensätzen.
Die Ungleichungen erwidern dagegen mit quadratischen Gleichungen,
Und die Winkelfunktionen ordnen sich den linearen Funktionen unter.
Das entzückt die binomischen Formeln,
und auch dem Umfang wird es ganz blümerant.
Es erkennt die Fläche und denkt sich:
Wow, hat die Volumen.
Sehr oberflächlich, spricht da die Ankathete zur Gegenkathete.
Schlussendlich ist die Mathematik anmutig und entzückend,
goldig und zauberhaft, anziehend und angenehm,
deliziös und köstlich.

Was für ein Objekt:
Dieses verkommene Subjekt!
Prädikat, Prädikat!
Da kommt der Detektiv und löst seine Fälle:
1. Fall: Nominativ, 2. Fall: Genitiv, 3. Fall: Dativ, 4. Fall: Akkusativ.
Die Damen erfreuen sich an den Satzgliedern,
Und wundern sich über die Konstituenten.
Holla! Da kommt das Präpositionalobjekt,
Und wirft doch tatsächlich mit Liebkosungen von Lokal-, Kausal-, Modal-, Temporal- und Adverbial-Adverbialen um sich.
Das kommt beim Attribut aber gar nicht gut an.
Die Diminutive sind dagegen ganz entzückt.
Naja.
Da stellt sich erst mal das Präfix vor.
Das Suffix kommt nach.
Und das liebe Circumfix umarmt alle.
„Päh!“, sagt da der Partikel.
Was für eine Nominalphrase in der Verbalphrase.
„Schade!“, denken da die Tempi,
der Amateur sagt dagegen „Tempuse“.
Ach, du liebe Zeit!
„Wie die Zeit vergeht“, sagt da das Präsens.
„Alles schon mal da gewesen“, erwidert das Perfekt.
„Ich komme“, sagt Futur der erste.
„Wenn ich dich sehe, werde ich schon betrunken sein“, erwidert Futur die zweite.
Dem Partizip gereicht es lächelnd zur Freude.
„Alles Perfekt“, hatte dagegen das Plusquamperfekt gedacht.
„Das ist mir alles zu aktiv“, meint das Präteritum.
„Ich bin auch lieber passiv“, stimmt das Imperfekt zu;
und lässt wie die Dependenzgrammatik alles auf sich zukommen.
„Flektiert die Infinitive! Konjugiert das Substantiv!“, fordern die revolutionären Nomen.
„Das ist doch nicht flektierbar! Ja, Wo sind wir denn?“,

„Ich glaub es geht schon wieder los…"
Die generative Transformationsgrammatik dreht jetzt völlig durch.
„Geht, wenn ihr könnt!", imperativiert der Konjunktiv.
„Jetzt ist aber Schluss!", übertönt der finite Indikativ die infiniten Numerale.
Oh, oh. - wenn das das Adjektiv wüsste. Das gäbe wohl keinen positiven Superlativ.
Da hilft nur eine transitive Interjektion.
Genus(s)? - Numerus: „Kasus!" – egal.
Hauptsache das Adjektiv kompariert.
Das, die… der Artikel ist absolut unbestimmt.
„Party, Party", stottern die Partikel.
„Ey du Präposition, du bist ja voll das Verb!"
„Welch Witz!", lachen Adverb und Konjunktion.
Ein schlechtes Omen für die Pronomen.
Alles relativ für das Personal.
Mehr demonstrative Posse reflektiert interrogativ das Possessiv.
Zum finiten Indefinit:
„Finis", wie der Franzose sagt.

Diverse Diversitäten

Schneeglöckchen, sing!
Maiglöckchen, spring!
Regentröpfchen, kling!
Aua. Aua. Aua.
Rumms.
Aua.
Nein.
Oh, ja.
Aua!

Meine Nichte

Mama
Pabba
Oma
Oba
Donia
Abbi
Bär Bär
Wau Wau
Ringelreie
Nudels
Schneller, Propeller!

Der Mensch

Der Mensch.
Sein Name ist Wesen.
Wesen, Wesen sei gewesen.
Wesen ist Sein.
Sein ist Werden.
Werden, Sein, Gewesen.
Gewesen, Sein, Werden.
Gewesen: Sein Werden.
Ich bin. Du bist. Er ist.
Wir sind. Ihr seid. Sie sind.
Ich war. Du warst. Er war.
Wir waren. Ihr wart. Sie waren.
Ich werde. Du werdest. Er werde.
Wir werden. Sie werden. Ihr werdet.
Sein.

Was? Wer?
Wie? Wo?
Warum?
Wie viel?
Was?
Welche?
Wessen?
Wohin?
Wem? Wen?
Was?
Welches?
Woher?
Wann?
Welcher? Welche?
Was?
Wieso?
Woran? Womit?
Wodurch?
Was?
Wie oft? Wie lange?
Weshalb?
Welchem? Welchen?
Was?
Weswegen?
Wozu?
Wofür?
Was?
Wozwischen?
Worauf?
Wogegen?
Was?
Wovon?
Wonach?
Was?

Koradi Krawatte

Hapipi puh
Habiba the
Rollabi gelu
Löwex Konkor
windig und wechselhaft
21 ist das neue 22
und der Regen fällt
bei Sonnenschein
Es schneit
Schnee, Regen, Graupel, Hagel, Wolken
Die Sonne kommt raus
Faszinierend
Faszination: Guten Abend
Dabidahu
Bisjabis
Bis, ja, bis
700 Millionen Euro

Ahoi

Ahoi, Matrosen
Holla die Waldfee
die Anna, die Anna, dieAnna, Dieanna, Dianna, Diana
Iiiiiiiiiiiiiiiiiiiiiiiiiiiiiiiiiiieeeeeeeeeeeeehhhhhhhhhhhhhh
der Wasserpink
er schreit
Goldkettchen, meine Perle
und immer ist es die Liebe
Anna, mein Herz,
oder doch eher meine Rippen?

meine Lunge?
und Blut
Kratzer voll Blut
Augenringe werden getauscht.
und die Haare werden länger
und die Jahre vergeh'n
Doch deine Liebe bleibt besteh'n.
Liebe, Liebe - Hass
Krieg ist Frieden, Frieden ist Krieg.
Friede?
Alles sehr übersichtlich.
Heute ein König, eine Königin.
Gaul?
Prinzessin?
Pferd?
Esel.
Und jedem Auge wohnt ein Zauber inne.
Verzaubere!
Meine Worte
Hauch
Und jeder Liebe wohnt ein Zauber inne.
Und jedem Herzen wohnt ein Zauber inne.
Und jedem Menschen wohnt ein Zauber inne.
Zaubere! Befreie!
Und jedem Leben wohnt ein Zauber inne.
Wo ist die Wirklichkeit? Das Jetzt?
Das Jetzt ist im Eben
g'rade vergangen
schon weg
Hoppala, das Augenblickchen ist vorbei.
Und schon wieder. Und schon wieder. Und schon wieder.
Und schon wieder. Und schon wieder. Und schon wieder.
Verstrichen. Unnutzbar. Schon weg.
Kommt's wieder?
Augenblickchen?
Und jedem Augenblickchen wohnt ein Zauber inne.
Bis denn dann.

Bananen

Nanu? Nana?
Banu? Bana?
Bona? Nannen?
Bananen!
Rote, grüne, gelbe
Bununin?
Benenon?
Bininan?
Bananen!
Bananen, Bananen, Bananen!
Krumm und schön,
Lecker und gut,
Kraft und Mut,
Bananen!
Aaah, Banana.
Hui, Bananen.
Bananananananananen.
Bananen.

Kunst - Wie wertvoll ist Kunst?
Kunst - Ist es schön? Nett? Verhunst?
Kunst - Muss sie etwas aussagen?
Kunst - Muss sie Grenzen überschreiten, Neues wagen?

Darf jeder mit und ohne Ahnung und Sinn sich dazu äußern?
Darf sie überall stehen? Auch vor grauen Zellen und Häusern?
Darf sie Freiräume lassen? Darf sie für sich selbst stehen?
Darf sie nutzen? Hilfe sein? Oder nur Anschauungsobjekt und vergehen?

Muss sie sich erklären?
Muss sie sich bewähren?
Alles kann, alles darf – nichts muss.
Geben wir der Kunst doch nur ein Kuss.

Es gibt Dinge, die kann man nicht kaufen.
Es gibt Dinge, da hilft manchmal nur saufen.
Es gibt Dinge, die sind da und die sind unerklärlich
Es gibt Dinge, die sind wunderschön oder erbärmlich.

Kunst – wen interessierts?
Kunst – gleich eskalierts?
Kunst – jetzt ist aber Schluss.
Kunst – hohe Kunst oder Stuss?

Wäre es nicht besser Apfelbäumchen zu pflanzen?
Wäre das nicht besser, im Großen, Kleinen wie im Ganzen?
Wäre das nicht besser, dann hätte man noch was zu essen?
Kunst, ach die liebe Kunst, die kann man doch heute vergessen.

Wie spät ist es?
Halb Donnerstag.
Wann gehst du?
Acht Sternstraße.
Wie viele bin ich?
12 sind schon ein halbes Dutzend.
Warum die Sonne?
Die Stunde geht.
Wodurch kommt das Herz?
Lungenentzündung kross gebraten.
Wie viel Uhr haben wir?
Ja.
Geht's dir gut?
Lauwarme Laterne.
Was?
42 Licht.
Und wer kommt?
Sorry.
Wer ruft?
13-83-1.
Wie?
Die Minuten kommen und gehen.
Wo?
Um halb 3.
Warum?
Der Regenbogen geht unter.
Wie viel?
Nord-Nordsüd-Ost.
Was?
Sonnenaufgang am Himmel überm Horizont.
Welche?
Kalinka.
Wessen?
Salz.

Wohin?

Prost.

Wem?

Cui bono.

Wen?

April.

Was?

12 Brotkörbchen und 3 Salami.

Welches?

Spiegel.

Woher?

Öllampen.

Wann?

Die Zeit bleibt.

Welcher?

Die Kerze brennt

Welche?

Eine geschlossene Schneedecke.

Wieso?

Ein Buch.

Woran?

Wir warten.

Womit?

Nein.

Wodurch?

Bier und Wein.

Wie oft und wie lange?

Kann man so nicht sagen.

Weshalb?

Du.

Welchem oder Welchen?

3/4, vielleicht auch 5/8 – ganz sicher ist das aber nicht.

Weswegen?

Grün.

Wozu?

Schuhe, vielleicht auch eine dicke Jacke.

Wofür?

Vielleicht.
Wozwischen?
Regen und Sonnenschein, Hagel und Schnee.
Worauf?
Freude und Liebe.
Wogegen?
Löwe, Tiger und Bär.
Wovon?
36 Grad.
Wonach?
Sterne – um 5 nach 12.

Hold on tight

Habakik watepi kontruzi
braufelmaufelkaufel
prüüft Poskono stinda
miep müp kalip

kabbeldiedappel
ääh kleppt tro Teld
kladde wadde Könti
libiscumbiborum Zuhy

M m m
tauwau
53-4
& % *!

git Lazenjop keist Kukolö
änt Rubus dint cont Stale
biv werge fült de Kröstülü
Ant Kali de Poponia.

121

Reiner wäld Titani,
Dizu gopü Pritani.
Kupani albus zerfen,
In dopri Xerti berfen.

Krustö älpeu Aiponü,
Quwertz broft Xyponü.
De Granti olft,
De Balti kolft.

On moke duh Ferre.
Di Poke in Perre.
Al nusti of bedwen.
Kol prusti ön ketwen.

Ix Tranz olp Püti.
Ilk Kalf olp Brüti.
Ank diu dert.
Pip miu scherp järt.

In went di Kokonia Alpi.
En fent de Ponke Stalbi.
Bruuhp.

Bunt

rot, gelb, blau,
schwarz, weiß, rosé,
lavendel, braun, grau.

grün, orange, ultramarin,
violett, pink, rosa,
aspik, anthrazit, obergine.

pastell, lila, purpur,
alabaster, silber, gold,
bronze, indigo, azur.

kobalt, türkis, mokka,
terrakotta, kupfer, oliv,
cyan, magenta, okker.

dunkel, hell,
blass, grell.
bunt.

Lalalei,
lala, lala, lala lei.
Lala lei,
lala, lala, lala, laaa,
lala, lala, lei.

Laleilei,
leila leila laleilei.
Laleilei,
leileilei, lala, la,
leilei, la,
laleilei, lei.

Lalalei.
lala, lei.
lala, lei.
Lalelu, lalelo.
Lalalei.

leileilei,
leilei, leila, leilei, lei
leileilei,
leilei, lalei, lalei, lei
leileilei, lalei.

Lalalei
lulu lo
lele, li
lalo, lelu
Lalalei.

Lalalei,
lala, lala, lala, lei.
Lala lei,

lala, lala, lala, laaa,
lala, lala, lei.

Leilalei,
leilaleileileileilei,
leilalei,
leilaleileileileilei, leileileileilei.

Leilalei,
leilalala leilei,
leilalei, leilalalalalalei, lalalei.

leilalei, leila leila leila lei
leilalei, leila leila leila leila lalala lei

Lababa
Labiba
bi baba
ba baba
ba biba
bi baba, baba, ba
baba – biba
bubu.
Booh!

Bum.
Bibam.
Bambom.
mamu
mama
mimi
momu.
Su.

Sisis
Sisi
sasi
sasosum.
dabidum, de.
kabidadumde.
dulu.
dabadi.
Abidabi.

Humpf

hUmPf zA RiEw
TumPF lA PiEw
Ih Ah sE tIe pAr ä
Ku oNIs pe La tä

Dinf pü nago warquille.
Änt ipo sar konn Rille.
All Bronko lalle karl.
Dö üpos änis könti farl.

Ont kohnt ipi Toläle.
Ohft ur frft a Sinchen.
Ohl pst argh il Coläle.
Onk ali ko ä Rinchen.

Is is si so sa la.
Int röpö xante orli.
Tru pöli o Wa wa.
Prft knete oki Schorli.

Emulb annana
Nerhe uz Llab OguH
Eknad tranana
Sür pol pi po Poguh

Kot arp schalb Olein.
Alto inkars strobin.
Elten op solf Solein.
Nch krtz inf ko Kobin.

Pft up ko lese Änti
Trtsch xy vopü ummu
Atz rurusu ke Pänti
Pumu pumu pummu.

Loli abi dabi
Kontressepor ignatsior
Oki tabi schlabi
Uk treppe ap Antatsior

Mati okul ahr klampf
Malte öli schlampf
Matz sampf
Mampf

Wein- und Trinkgedicht

(inspiriert von Sprichwörtern und Zitaten rund um „Wein")

Du benötigst nicht viel, um glücklich zu sein:
Träume nicht dein Leben. Trinke deinen Wein.
Mit Wein beginnt kein Krieg und keine Revolution.
Ein Riesling kann nicht die Welt retten. Den Tag aber schon.
Trinkt man ein Wein, so denkt manch Frau, manch Mann:
„Schade, dass man diesen Wein nicht streicheln kann."
Egal aber was ist und sei, bist du beim Weine, so bleibe dabei.
Die Frau schimpft um 10 genau wie um 2.
Immer wenn du dann denkst, es geht nicht mehr,
kommt von irgendwo ein Riesling her.
Und denkst du auch, du verzagst, verliere nie deinen Glauben.
Glaube an Veränderung, weil auch Wein wird gemacht aus Trauben.
Sei unbesorgt, denn wer glaubt an Gott und Ewigkeit,
der trinkt auch mal ne Kleinigkeit.
Und bist du von Ungemach umgeben und umhüllt:
Einen Vorsprung hat stets der, der sein Weinglas schon füllt,
während andere noch palavern und reden.
So trinke als Erster. - So schön ist das Leben.
Vergiss das Trinken nicht, auch nicht in ganz harten Zeiten.
Lieber einen Bauch vom Trinken, als einen Buckel vom Arbeiten!
Was ist es doch für eine Wohltat, dass man Getränke nicht kauen muss.
Und so küsst der Wein die Zunge und gibt noch der Leber ein Kuss.
Pack die Gelegenheiten immer beim Schopf:
Lieber Wein im Blut als Stroh im Kopf!
Weißwein oder Rotwein? Schwer sind manchmal Wahlen.
Lieber aber ein Wein zuviel trinken, als ein Wein zuviel zahlen.
Wasser macht weise, fröhlich der Wein,
drum trinken wir beides, um beides zu sein.
Trinken wir auf unsere Freunde, Kinder, Geschwister und Eltern,
Und hoffen wir: Dieser Wein sei nicht von schlechten Keltern.
Ist dein Stern aber auch langsam am sinken:
Das Leben ist zu kurz, um schlechten Wein zu trinken.
Jedoch sollte uns der Tod mal ereilen,

so trinken wir schnell, nur nicht zu lang verweilen,
Unser letzter Wunsch und unser letzter Wille:
Unser Ziel ist der Himmel und zwei Promille.
Macht Wein auch blümerant und ist sagenumwoben.
Vergiss nie: Man soll den Wein nicht vor dem Kater loben.
(zum Schluss eines noch steh:
das Gedichtchen vom Bodensee:
Ach, tun mir die Augen weh,
wenn ich in meinem Glas den Boden seh.)

Lach doch mal wieder

Lach doch mal wieder,
es ist nicht so schwer.
Lach doch mal wieder,
und brumm wie ein Bär.

Zieh deine Lippen nach oben,
Lächle und du wirst glücklich sein,
Zeit, dich und andere zu loben,
Sei vergnügt und grunz wie ein Schwein.

Einatmen, ausatmen, nicht mehr atmen. Oh-oh.
Und nochmal von vorne, nur ohne nicht mehr atmen, so wirst du froh.
Ruhig bleiben, ruhig Blut, Brauner.
Denk dir dein Teil und bleib cool, du Gauner.

Wenn deine Lippen lächeln, lacht die Sonne.
Wirf deine Sorgen fröhlich in die Tonne.
Wenn Du dich freust, ist glücklich das Leben.
Sei unbesorgt und frei – was kann es Schönres geben.

Wenn du lachst, freut sich die Welt.
Wenn du dich freust, bist du ein Held.
Wenn du glücklich bist, dann hast du Freude.
Lache gestern, morgen, und lache vor allem auch heute.

Fröhlich sein, pfeifen auf die Sorgen und lachen.
Und so auch anderen und sich selbst Freude machen.
Lachen, lachen, lachen,
und freuen sind einfach die schönsten Sachen.

Lach doch mal wieder,
lach auch über dich selbst,und nimm dich und andere auf den Arm,
Lach doch mal wieder,
denn nur ein fröhlicher Furz kommt aus einem glücklichen Enddarm.

Lach doch mal wieder,
ein Witz komm' aus deinem Mund,
Lach doch mal wieder,
denn Lachen ist gesund.

Das Ende der Oper

Die Oper ist nicht zuende,
solange die Fette noch singt.
Das Theater läuft noch,
bis der Vorhang sinkt.

Wer nicht wagt, der nicht gewinnt.
Jede Reise mit dem ersten Schritt beginnt.
Was nicht ist, kann ja noch werden.
Ob im Himmel oder schon hier auf Erden.

Und ist die Hoffnung erlabend:
Noch ist nicht aller Tage Abend.
Auch wenn müde ist der Held:
Dem Mutigen gehört die Welt!

In der Tat:
kommt Zeit, kommt Rat.
Es ist niemals zu früh und selten zu spät,
Sturm ernten wird, wer Wind sät.

Man soll den Tag nicht vor dem Abend loben.
Es ist immer noch viel Luft nach oben.
So weit und breit:
Alles hat seine Zeit.

Süßholzraspeln – Eine Liebesballade?

Du bist schöner als jeder Traum von Schönheit, den ich je träumte.
Du bist die Prinzessin, die mein Herz enträumte.
Ich bin dein Zwerg, und du bist mein Schneewittchen.
Ich bin dein Baby, und du bist mein Schippchen.

Ich hab gar nicht gewusst, dass ein Engel so tief fliegen kann.
Wenn sich deine Eltern nicht getroffen hätten, wäre ich jetzt auf Erden
der unglücklichste Mann.
Ich bin dein Schelm, und du bist mein liebstes Ding.
Ich himmle dich an, seit ich mich in deinem Lachen verfing.

Du bist ein Dieb und hier, um mein Herz zu stehlen.
Ohne dich, würde in meinem Leben etwas fehlen.
Ich bin dein Kobold, und du hast mich beschützt.
Du hast mein Leben so sehr gestützt.

Ich habe dich seit Jahren überall gesucht, jetzt seh' ich dich endlich
hier.
Meine Eltern wären begeistert von dir.
Ich bin dein Barde, und du bist meine Minne.
Du musst wissen, du raubst mir meine Sinne.

Du gibst dem Wort „überirdisch" einen neuen Sinn.
Draußen ist der Dschungel – du musst wissen, dass ich dein Busch-
mann bin.
Ich bin der kleine Prinz, und du bist mein liebster Stern.
Ich bete dich an, ich hab' dich so gern.

Das letzte Mal, als ich dich sah, träumte ich gerade.
Brauchst du jemanden, der dir den Kaffee umrührt, anderes wäre
schade?
Ich bin dein Hofnarr, und du bist meine Königin.
Ich bin dein verwunschener Frosch, und du meine Prinzessin.

Ich bete die Regentropfen an, die auf das Gras fallen, auf dem du wandelst.
Ich möchte, dass du mich als der Deine behandelst.
Ich bin dein Klabautermann, und du mein Schiffchen.
Wir können gemeinsam umsegeln Riffchen um Riffchen.

Ich lasse niemals die Gelegenheit verstreichen, einer wunderschönen Frau „Hallo!" zu sagen: „Hallo!"
Wenn ich dich seh', werd' ich wahnsinnig glücklich und unendlich froh.
Ich bin dein August, und du bist mein Mai.
Du bist mein Engel, du machst mich frei.

Du siehst von Tag zu Tag besser aus. Und heute Abend schaust du bereits wie übermorgen aus.
Ich bitte dich, lass uns zusammen gehen: jahrein – jahraus.
Ich bin dein Harlekin, und du bist meine Fee.
Du bist schöner als ein Eiskristall, du bist schöner als Schnee.

So langsam kriege ich Kopfschmerzen. Darf ich dich mehr aus der Nähe anstarren?
Oder soll ich noch länger vor dir ausharren.
Du bist meine Tamina, und ich bin dein Tamino.
Ich bin deine Maus, und du bist mein Bett aus Stroh.

Weißt du, dass ich ein Bild von dir im Lexikon gesehen habe? Direkt neben dem Wort „wunderschön".
Ich würde dich, wenn ich könnt', zur Königin krön'n.
Du bist mein Engel, und trägst mich auf deinen Flügeln.
Hinfort weit über Berge, Täler und Hügeln.

Ich habe mein ganzes Leben auf jemanden wie dich gewartet.
Ich hoffe, dass unsere Beziehung nun endlich startet.
Du bist mein Elf, und ich bin dein Alb.
Ich lieb' dich aus ganzem Herzen, und nicht nur halb.

Ich überlege die ganze Zeit, wie viele Jahre hintereinander du wohl Schönheitskönigin warst.

Ich erinnere dich, wie oft haben wir doch zusammen gespaßt.
Du bist mein Gnom, und ich bin deine Mütze.
Weil ich dich behüte, und weil ich dich beschütze.

Mir ist es egal, dass heute bewölkt ist – mir genügt der Sonnenschein in deinen Augen.
Du kannst mir doch meinen Liebesschwur und meiner Liebe glauben.
Ich bin dein Ritter, und du bist mein Fräulein.
Ich wünscht' mir so, dass du wärst mein.

Wenn Schönheit Musik ist, bist du eine ganze Symphonie.
Ich hab dich so gern, meine Liebe zu dir stirbt nie.
Ich bin dein Schalk, und du bist mein Lachen.
Ich will alles für dich machen.

Du bist diejenige, für die ich den Platz in meinem Herzen freigehalten habe.
Du bist die Liebe, an der ich mich labe.
Ich bin zwar kein Held, aber du bist mein Schatz.
Ich wär' so gern dein süßer kleiner Fratz.

Was kann ich tun, damit du mir gehörst?
Damit du dich nicht mehr an meinen kleinen Fehlern störst?
Du bist meine Rebe, und ich bin deine Traube.
Du bist mein Schmetterling, und ich bin deine Raupe.

Jemand wie du verdient einen unheimlich lieben Freund. Und das Beste: Du musst nicht weiter suchen!
Denn du kannst mich Tag und Nacht besuchen.
Ich bin dein Johann, dein Wolfgang, dein Goethe, und du bist meine Christiane.
Ich bin dein Robin Hood, und du bist meine Mariane.

Du bist das Mädchen mit dem wundervollen Lächeln.
Ich will dir meine Zuneigung zeigen, mir fehlen die Worte, ich kann nur noch hecheln.
Ich bin dein Napoleon, und du bist meine Josephine.

Ich bin die Hummel Willi und du bist Maja, meine Biene.

Der Kosmos muss etwas Besonderes mit uns vorhaben, sonst hätten wir uns nicht hier getroffen.
Ich fühle mich in deiner Nähe benebelt, berauscht, betrunken und besoffen.
Ich bin dein Caesar, und du bist meine Kleopatra.
Ich bin dein Leonardo da Vinci, und du bist meine Mona Lisa.

Gibt es hier in der Nähe einen Flughafen – oder ist es mein Herz, das gerade abhebt?
Oder ist es schon über die Wolken in den Himmel entschwebt?
Ich bin deine Glocke, und du bist mein engelsgleicher Klang.
Dank deinem Schutz bin ich weder ängstlich, weder bang.

Waren wir nicht in einem früheren Leben verheiratet?
Oder ist dies das erste Mal, dass sich mein Herz dir nahet?
Du bist meine Sonne, und ich bin deine Strahlen.
Ich bin deine Buchstaben, und du bist meine Zahlen.

Ja, ich denke, ich kann jetzt glücklich sterben – denn gerade habe ich ein Stück des Himmels gesehen.
Durch mich scheint nur noch die Leidenschaft für dich zu wehen.
Du bist mein Mond, und ich bin dein Licht.
Du bist meine Glückseligkeit, und ich bin deine Zuversicht.

Irgendetwas stimmt nicht mit meinen Augen – ich kann sie nicht von dir abwenden.
Obwohl ich weiß, dass deine Aura und dein Charisma mich blenden.
Ich bin dein Pfad, und du bist mein Weg.
Du bist mein Bächlein, und ich bin dein Steg.

Deine Nähe lässt das Eis in meinem Herzen schmelzen.
Ich würde dich umgeben mit Gold, Diamanten, Schmuck und Pelzen.
Du bist meine Blume, und ich bin deine Blüte.
Du bist meine Barmherzigkeit, und ich bin deine Güte.

Du kommst mir sehr bekannt vor. Könnte es sein, dass du die Frau aus meinen Träumen bist?
Ich hab so nach dir gesucht, ich hab dich so unglaublich vermisst.
Ich bin deine Micky Maus, und du bist meine Minnie.
Du bist meine Sehnsucht, und ich bin deine Phantasie.

Du siehst überirdisch schön aus – willkommen auf der Erde!
Lass uns über Lande ziehen auf einem der schönsten schneeweißfelligem Schimmelpferde.
Ich bin dein Sokrates, und du bist meine Xanthippe.
Ich bin deine Schaufel, und du bist meine Schippe.

Deine Lippen sind wie Wein – und ich möchte so gerne einen Schwips haben.
Du bist für mich Musik, du bist ein Bild, und ich bin deine Farben.
Du bist für mich Brot und Wasser, du bist mein Leben.
Du bist all mein Denken, Tun und Streben.

Meine Brillengläser verdunkeln sich im Sonnenschein deiner Liebe.
Ich wünsche mir, dass es dabei nicht verbliebe.
Denn du bist für mich meine Flamme, und ich dein Feuer.
Du bist so wunderschön, du bist mir teuer.

Wenn ich mir Dein Lächeln so anschaue, wäre ich gerne als Zahnbürste geboren.
Ich hab' mich so verliebt in dich, bis über beide Ohren.
Ich bin dein Faust, und du bist mein Gretchen.
Du bist mein Aperitif, und ich bin dein Pastetchen.

Nein, ich bin nicht betrunken – nur berauscht. Von dir!
Ich bin dein Blut, und du bist mein Vampir.
Ich bin die Adern, und du bist mein Herz.
Du bist mein Witz, und ich bin dein Scherz.

Bin ich tot, Engel? Denn dies muss hier der Himmel sein!
Ich verfange mich in deinen wunderschönen Äugelein.
Ich bin dein Schiff, und du bist mein Mast.

Du bist mein Baum, und ich bin dein Ast.

Kommt gerade die Sonne raus – oder hast du kurz gelächelt?
Du raubst mir den Atem, so dass meine Lunge nach Luft fächelt.
Du bist meine Konkubine, und ich dein Großwesir.
Du bist der herrlichste Diamant, und ich bin ein Saphir.

War es sehr schmerzhaft vom Himmel zu fallen?
In deiner Nähe jedenfalls wurd' ich von himmlischen Gefühlen über-
wallen.
Ich bin dein Hänsel, und du mein Gretchen.
Du bist mein Ton, und ich bin dein Trompetchen.

Waren deine Eltern griechische Götter? Denn es braucht Götter, um
solch eine Göttin zu zeugen.
Vor dir und deiner engelsgleichen Ausstrahlung muss ich mich immer
wieder auf's Neue verbeugen.
Ich bin dein Tristan, und du bist meine Isolde.
Ich bin dein Retter, und du bist meine Holde.

Wenn du eine Träne in meinen Augen wärst – ich würde niemals mehr
weinen, aus Angst, dich zu verlieren.
Ich weiß, wenn wir zusammen sind, wir könnten uns Tag und Nacht
ewig amüsieren.
Ich bin dein Romeo, und du bist meine Julia.
Ich bin dein Vater Unser, und du bist mein Ave Maria.

Wann musst du wieder im Himmel zurück sein?
Du meine Hoffnung, du mein Edelstein.
Du bist für mich die Fackel, und ich deine Helligkeit.
Ich bin für dich was Jenseitiges, und du bist meine Ewigkeit.

Hast du das Klirren gehört? Es war der Ton meines Herzens, das zer-
brochen ist.
Es schmerzt so sehr, weil du nicht bei mir bist.
Ich bin dein Wolf, und du bist mein Rotkäppchen.
Ich bin dein Schlückchen, und du bist mein Häppchen.

Ich erfreue mich an der Sonne, die im Licht deiner Augen erglänzt.
Ich weiß, dass du mich unglaublich ergänzt.
Ich bin dein Tarzan, und du bist meine Jane.
Ich bin wie Tom Sawyer, und du wie Huckleberry Finn in den Romanen von Mark Twain.

Ich möchte dein Foto an meinen Weihnachtswunschzettel heften, damit das Christkind weiß, was ich mir wünsche.
Du bist für mich der Künstler, das Werk und die Künste.
Du bist die Schöne, und ich bin das Biest.
Ich hoffe, dass du mit deinen schönen Augen geradewegs in meine Herzensgedanken siehst.

Du musst der wahre Grund für die globale Erderwärmung sein.
Du bist meine Magd, und ich bin dein Bäuerlein.
Ich bin dein Donald Duck, und du bist meine Daisy.
Du bist Marilyn Monroe, und ich John F. Kennedy.

Bist du ein Apfel? Denn du siehst so süß zum Anbeißen aus.
Wäre ich ein Musiker, wärst du mein Applaus.
Du bist meine Eva, und ich bin dein Adam.
Du bist meine Liebste, und ich bin dein Bräutigam.

Als Gott dich erschaffen hat, wollte er nur angeben.
Du bist für mich das Hier und das Jetzt. und nicht das Eben.
Ich bin dein Prinz Charles, und du bist meine Lady Diana.
Du bist in meiner Wüste die ersehnte Fata Morgana.

Du bist das Mädchen mit dem wundervollen Lächeln.
Deine wunderschönen Strähnchen vermögen deine Schönheit zu umfächeln.
Ich bin dein Schlumpf, und du meine Schlumpfine.
Du bist mein Zug, und ich bin deine Schiene.

Ich würde gerne der Grund für deine heutige schlaflose Nacht sein.
Du wohnst in meinem Herzen mittendrein.
Du bist die Wärme, und ich die dazugehörige Laterne.

Du wärmst mich mit deiner Liebe so gerne.

Hast du eine Straßenkarte bei dir? Ich habe mich gerade in deinen Augen verloren.
Ich fühle mich in deiner Nähe wie neugeboren.
Ich bin dein Werther, und du bist mein Nettchen.
Du bist meine Decke, und ich bin dein Deckchen.

Welchen Tag soll ich als unseren Hochzeitstermin eintragen?
Oder soll ich dich vorher doch noch um deine Liebe erfragen?
Ich bin deine Nacht, und du bist mein Komet.
Du bist meine Sternschnuppe, und ich bin dein Planet.

Wenn ich eine Nachtigall wäre, würde ich dir jede Nacht meine Liebesbriefe vorbeibringen.
Und dabei würde ich für dich die allerschönsten und liebsten Liebeslieder singen.
Ich bin dein Mann, und du bist meine Frau
Du bist mein Abendschweif, und ich bin dein Morgentau.

Wenn du diese Augen von deiner Mutter geerbt hast – dann weiß ich, warum sie dein Vater geheiratet hat!
Wäre ich Kaiser, wärst du meine Krönung, wärest du mein Lorbeerblatt.
Ich bin dein Beutel, und du bist mein Känguru.
Ich bin deine Straße, und du bist mein Fuß
(Ich bin deine Socke, und du bist) und mein Schuh.

Es würde mir wirklich helfen, wenn ein wunderschönes Mädchen mich anlächelt. Bitte, könntest du mir diesen Gefallen tun?
Oder muss ich zuvor, um dir meine Liebe zu beweisen, noch vor ein Tribun?
Du bist mein Stern, und ich bin dein Glitzer.
Ich bin dein Gut, und du bist mein Besitzer.

Unsere Chromosomen sind füreinander bestimmt.
Für dich hätte ich den Mount Everest ohne Sauerstoff erklimmt.

Ich bin dein Himmel, und du bist mein Horizont.
Du bist mein Wechsel, und ich bin dein Diskont.

(Du wirst wahrscheinlich gleich gebeten werden, den Raum zu verlassen...)
Dein Aussehen lässt alle anderen Frauen blass aussehen.
Ich spüre, unsere Liebe ist unabhängig von jeglichem Zeit- und Weltgeschehen.
Du bist mein Essen, und ich bin dein Teller.
Ich bin dein Lichtstrahl, doch du bist noch heller.

Ich kann jetzt meinen Kaffee ohne Zucker trinken – solange ich etwas derart Süßes wie dich im Blickfeld habe.
Du bist auf Erden für mich die herzallerliebste Gabe.
Ich bin dein Glas, und du bist mein Wein.
So lass uns ewig in unserem Rausche sein.

Sag mal, wie fühlt man sich, wenn man die wunderschönste Frau im Raume ist?
Ich vergaß, dass du noch schöner als die Schönheit bist.
Du bist meine Quelle, und ich bin dein Wasser.
Ich bin dein Liebesgedicht, und du bist mein Verfasser.

Warst du bei den Pfadfindern? Denn du hast in mein Herz einen dicken Knoten gemacht.
Unsere Gefühle füreinander sind eine einzige Blumen- und Farbenpracht.
Du bist mein Schein, und ich bin im Dunkeln.
Ich bin die Dämmerung, und du bist mein Funkeln.

Kneif' mich, denn du siehst so wunderschön aus. – Ich muss träumen.
Ich fühl' mich wie in einem hellerleuchtenden Märchenwald, umgeben von wohltuenden Pflanzen, Blumen, Sträuchern und Bäumen.
Ich bin deine Geschichte, und du bist mein Erzähler.
Du bist meine Partei, und ich bin dein Wähler.

Ist dein Vater ein Dieb, oder wer ist es sonst, der Diamanten gestohlen hat, um sie in deinen Augen zu verstecken?
Gemeinsam durchstehen wir alle Ängste, Furchtsamkeiten, Unsicherheiten und Schrecken.
Ich bin deine Freudenträne, und du bist meine Freude.
Du bist mein Morgen, und ich bin dein Heute.

Weißt du, was dir gut tun würde? ... Ich!
Du bist für mich einfach königlich.
Ich bin dein Schlaf, und du bist mein Traum.
Du bist mein Bad, und ich bin dein Schaum.

Ich hoffe, du verstehst etwas von künstlicher Beatmung – du raubst mir nämlich den Atem.
Ich hoffe, wir finden in nächster Zeit zu etwas weniger Öffentlichem, eher mehr Privatem.
Du bist mein Frühling, und ich bin dein Sommer.
Ich bin fromm zu dir, und du bist sogar noch frommer.

Zeige mir die Richtung zu deinem Herzen.
So dass wir in der Dunkelheit aufstellen unsere Kerzen.
Ich bin die Finsternis, und du bist mein Glanz.
Ich bin dein Edeldiamant, und du bist meine Brillanz.

Du bist die Antwort auf all meine Gebete.
Du bist der Grund, wofür ich lebe.
Ich bin deine Liebe, und du bist meine Geliebte.
Es ist so schön zu sein: das Verliebte.

Du zeigst mir, was es heißt, die Liebe zu genießen.
So lass in uns unsere Herzlichkeit ersprießen.
Du bist alle meine Gefühle, und ich bin deine Seele.
Ich bin dein Gedanke, und du bist meine Befehle.

Ich freu' mich auf jeden neuen Tag mit dir.
Du bist mein Schmuck und meine Zier.
Ich bin deine Kerze, und du bist meine Wärme.

Du bist mein Brunnen, und ich bin deine Therme.

Du bist meine Heimat, und ich bin dein Zuhause.
Ich bin deine Rast, und du bist meine Pause.
Du bist meine Rose, und ich bin deine Wurzeln.
Ich bin dein kleines Kind, und du bist mein Purzeln.

Du bist meine Hoffnung, und ich bin deine zuversichtlichen Worte.
Ich bin dein Turnier, und du bist meine Medaille in jedem Sporte.
Du bist meine Brandung, und ich bin dein Meer.
Kurz gesagt: Ich liebe dich so sehr.

An das hochverehrte Publikum

An euch, an das von mir hochverehrte Publikum:
Meine Leute, seid ihr so strohdumm.
Dummheit nenne ich es, wenn ich euch seh' und an euch denke,
dabei wünsch' ich mich einfach viel lieber besoffen in einer Wein-
schenke.

An das hochverehrte Publikum:
Ihr seid doch schon ein Unikum,
ein Witz, ein Scherz, eine Narretei,
ihr seid mal alles und mal einerlei.

An das hochverehrte Publikum:
Ihr seid das Gegenteil von Optimum,
ihr seid das Letzte, ihr seid Bodensatz,
ihr seid für mich mein Abladeplatz.

An das hochverehrte Publikum:
Ach, seid ihr humorlos, dauernd hör ich nur Gebrumm.
Lacht, erfreut euch, springt über euren Schatten,

versucht euch mal mit Fröhlichkeit auszustatten.

An das hochverehrte Publikum:
Beim Gedanken an euch wünscht' ich ein Aphrodisiakum.
Nimm die Worte und das Geschriebene doch nicht so Ernst,
denk daran, dass du in deinem Leben mehr lernst.

An das hochverehrte Publikum:
Lacht doch ganz einfach, es ist alles Gaudium.
Ja, es ist Spaß, den man verstehen kann,
aber dafür benötigt ihr Humor alsdann.

An das hochverehrte Publikum:
Ihr seid das allerletzte Konsortium.
Schreibt es doch selbst oder schreibt es besser,
dann verhaltet ihr euch nicht mehr wie ein Erpresser.

An das hochverehrte Publikum:
Mir scheint als wärt ihr oft auf Morphium.
Was sagt uns der Autor durch seine Poesie?
Es sind doch „nur" „Worte", vergesst das nie.

An das hochverehrte Publikum:
In eurem Kopf erkenne ich nur Vakuum.
Ihr interpretiert, analysiert, legt aus und erklärt,
als ob ihr selbst der Autor wärt.

An das hochverehrte Publikum:
Ihr scheint mir im Delirium.
Was der Autor sagt, ist oft ganz einfach: Nichts.
Doch das versteht nur der, in dessen Köpfchen aufgeht des Klugheits
Lichts.

An das hochverehrte Publikum:
Führt eine Aussage nicht ad absurdum.
Der Dichter hat's geschrieben.
Der Dichter muss es lieben?

An das hochverehrte Publikum:
Legt nicht soviel Wert auf das Metrum.
Auch ich nehme keine oder nur kaum Rücksicht darauf,
und hoffe, ihr lasst dem Dichten seinen freien Lauf.

An das hochverehrte Publikum:
Ihr führt euch auf als Monstrum.
Ihr richtet, brandmarkt, schreit und schreibt nieder,
lehnt ab, verurteilt, tadelt und meckert immer wieder.

An das hochverehrte Publikum:
Ihr steht nicht immer nur im Zentrum.
Nein, auch das Werk selbst, der Autor und viele andre Elemente
setzen beim Auslegen meist wichtigere Akzente.

An das hochverehrte Publikum:
Manchmal ist die Aussage gerade andersrum.
Nicht wie man denkt, wie es geschrieben steht,
sondern entgegengesetzt, gegensätzlich und verdreht.

An das hochverehrte Publikum:
Nehmt dem Dichter nicht alles krumm.
Die Grenzen sind schwer. Wer kann sie definieren?
Der eine findet es verachtenswürdig, andere zum Amüsieren.

An das hochverehrte Publikum:
Mal seid ihr laut, mal seid ihr stumm.
Verstehe eure Reaktion, wer kann.
Versteh ich dich, versteh ich nicht dein Nebenmann.

An das hochverehrte Publikum:
Seid nicht enttäuscht über ein nur kleines Pensum.
Die Muse küsst nicht täglich, Poesie ist oftmals schwer,
Kreativität kommt nicht von nebenher.

An das hochverehrte Publikum:
Ich bin nur ein Medium.

Die Worte kommen aus meinem Innern, aus meinem Gefühle,
Worte sind wie Wasser und der Text ist wie eine Mühle.

An das hochverehrte Publikum:
Schreiben ist für mich ein Martyrium:
Hab' ich die richtigen Worte? Gefällt's mir und euch?
Ist es schön, ist es wie eine Blume oder doch nur ein Gesträuch?

An das hochverehrte Publikum:
Ich arbeite an mir, ich versuche zu geben mein Maximum.
Ich bemühe mich, meine Werke zu verbessern,
und doch das Eigene in ihnen nicht zu verwässern.

An das hochverehrte Publikum:
Beschüttet mich mit Rum.
Ruhm ist nur für Helden und für Meister,
Schnaps dagegen für mich und für niedere Geister.

An das hochverehrte Publikum:
Es scheint, ihr konsumiert wohl Opium.
Lacht mich doch aus, haltet mich für ein Idiot,
mir ist das egal wie anderer Leute Kot.

An das hochverehrte Publikum:
Ihr habt ein undurchsichtiges Charakteristikum.
Mal wird man verstoßen, mal wird man abgefeiert,
mal seid ihr meine Liebe, mal seid ihr das Letzte und ausgeleiert.

An das hochverehrte Publikum:
Wo seid ihr? Ich sehe nur ein leeres Plenum.
Man will mich nicht, man will nicht meine Werke,
man erkennt nicht mein Talent, man erkennt nicht meine Stärke.

An das hochverehrte Publikum:
Mal seid ihr Weltklasse, mal seid ihr Minimum,
mal hebt ihr uns zum Himmel, und mal sind wir eure Nummer 1,

mal schickt ihr uns zur Hölle, und mal haben wir wenig Talent oder gar kein's.

An das hochverehrte Publikum:
Bitte springt über euren Schatten und beweist Mumm.
Schön ist nicht immer, was gefällt,
schön ist manchmal auch eine ganz fremde, unverständliche Welt.

An das hochverehrte Publikum:
Ihr seid für mich das beste Gremium.
Ihr seid toll, außergewöhnlich und brillant.
Ihr seid einfach freundlich und imposant.

An das von mir geehrte und auch höchstverehrte Publikum:
Fertig ist dieses Kompositum.
Es war an und für euch, die ich liebe und manchmal ein klitzekleines winziges bisschen hasse.
Sofern ihr mich gelesen habt, sag ich nur ein's: Ihr seid spitze; Ihr seid super; Ich find' euch
Weltsuperspitzenklasse!

[B] Liebesgedichte

Ich hab' dich liebgewonnen

Am Anfang gleichtest du allen,
doch mittlerweile würde ich für dich herniederfallen.
Dich gibt's nur einzig auf der Welt,
Du gleichst nicht einer, du durchsonnst mich,
Du erinnerst mich, an dich.
Wenn du traurig bist, bin auch ich traurig.
Du bist wunderbar.
Ich hab' dich liebgewonnen.

Ich hab' dich liebgewonnen.
Und ich bin glücklich.
(Und) ich bin glücklich, dass du da bist.
Ich bin glücklich, mich bei dir Zuhaus' zu fühlen.

Und doch der Abschied ist gekommen,
Ich weinte, ich weinte bitterlich.
Es ist für uns beide nichts gewonnen,
doch die Vertrautheit ist unser Geheimnis.
Du bist zu mir die einzig wahre Rose.
Du bist für mich die Einzige auf dieser Welt.
Ohne dich ist alles leer.
Du bist so schön.
Ich hab dich für mich ausgewählt.
Ich werde dich beschützen,
von allem, was da kommen mag.
Ich werde mein Herz um dich legen.
Du meine Rose.
Du meine Rose, die ich verloren hab'.
Ich werd dich nie vergessen,
denn meine Liebe wird unendlich bei dir sein.
Ich weiß, das ist vermessen,
doch ich fühle, ich bin dir und du bist mein.
Du meine Rose.
Du mein Licht.

Du mein Stern.
Du meine Sonne.
Du mein Herz.
Du mein Leben.
Du mein „dass", wofür ich sterbe.
Du mein „dass", wofür ich lebe.
Du meine Rose.

Du meine Blume,
die erst Sprossen trägt,
die wird zur Blüte,
und die, wie ich hoffe, nie verdorrt,
die, wie ich hoffe, immer blühen mag.
Und wenn, dann mindestens auch nur in meinem Herzen,
Dort wirst du blühen Tag für Tag.
Du meine Blume, meine Rose.
Du mein Herz und du mein Leben.
Nur für dich und deine Liebe,
würd' ich alles geben.
Meine Tulpe, meine Rose,
Nie werd' ich dich pflücken.
Ich werde jeden Tag dich neu gießen,
neu bepflanzen, neu beglücken.
Nachschneiden werd' ich deine Stängel,
nachschneiden werd' ich unsre Liebe;
In der Hoffnung nie wird scheiden,
deine Wurzeln aus dem Boden,
deine Wurzeln aus der Erde,
nie wird scheiden uns're Freundschaft,
nie wird scheiden uns're Liebe,
nie wird scheiden unser Glück.
Und doch werd' ich hoffen:
Uns're Liebe steiget Stück für Stück.
Uns're Liebe bis zum Himmel,
zu den Sternen, bis zum Mond.
Uns're Liebe bis zur Sonne,
Dass sie wird uns die Lebenswonne.

Dass die Blüten Sprossen tragen,
dass die Sprossen werden neu,
und ganz frische Samen wagen,
die in frische Erde fallen,
und dann selber zu Rosen (werden).
Und dann selber werden zum Glück.
Und dann kehrt, wie auch wir hoffen,
zu der Liebe kehrt zurück.
Dass sie selber werden Liebe,
dass sie selber werden Glück,
für die ander'n Menschen hier,
für die ander'n Menschen hier,
werden eig'ne Liebesträume,
werden eig'nes Liebesglück.
Und dann kehren zu der eig'nen Liebe,
wieder dann zurück.
Doch auch nie vergessen werden,
dass sie selbst ein eig'nes Liebesglück,
und zu ihren neuen Wurzeln,
zu ihrer neuen Liebe kehren,
zu ihrer neuen Umwelt finden.
Eine neue Freundschaft, ein neues Liebesglück.
Du meine Rose.
Du mein Licht.
Du meine Sonne.
Du mein Herz.
Du mein Leben.
Du meine Rose.
Du bist wunderbar.
Ich hab' dich liebgewonnen.

Was ist die Liebe?

Ich weiß nicht, was die Liebe ist.
Ist sie der Schmerz, den ich verspüre?
Ist sie das Ende oder der Anfang?
Ist sie Freundschaft, ist sie Hass?

Was ist die Liebe?

Die Liebe ist alles.
Alle meine Gefühle sind Liebe.
Alles, was ich spüre, ist Liebe.
Alles, was ich gebe, ist Liebe.

Aber denk' daran:
Nicht alles, was ich bekomme, ist Liebe.
Nicht alles, was andere mir geben, ist Liebe.
Nicht alles, was andere spüren und fühlen, ist Liebe.

Nur Liebe ist Liebe.

Wer einmal enttäuscht wird,
den enttäuscht die Liebe öfters.
Wer einmal vertraut auf die Liebe,
dem vertraut die Liebe.

Doch ist das alles?
Ist das alles Liebe?
Was man im Herzen spürt?
Was man fühlt?
Was andere geben?

Nur die Liebe ist Liebe.

Und die Enttäuschung ist Enttäuschung.
Und das Vertrauen ist Vertrauen.

Und die Freude ist Freude.
Und das Glück ist Glück.
Und die Freundschaft ist Freundschaft.

Nur die Liebe ist die Liebe.

Ich liebe Dich.
Ich liebe die Liebe.
Ich liebe nur die Liebe.
Ich liebe nur dich.

Du (I)

Wie eine Rose – so schön –
wie die Sterne leuchten – so hell –
so bist du.

Wie die Sonne das Leben erhält,
wie die Blume mir auf dem Feld gefällt,
so bist du.

Wie der Mond funkelt in der Nacht,
wie das Blümchen leuchtend auf der Wiese wacht,
so bist du.

Wie ein Stein das Haus stützt,
wie die Vertrautheit die Liebe schützt,
so bist du.

So bist du für mich.

Ich hab' mein Herz verschenkt

Ich hab' mein Herz verschenkt.
Ich hab' die ganze Zeit nur an dich gedenkt.
Ich seh' dich weinen, Ich seh' dich lachen,
Ich werd' an deiner Seite immer (für dich) wachen.

Ich hab' mein Herz verschenkt.
Ich hab' die Liebe nur auf dich gelenkt.
Ich seh' dich danken, Ich seh' dich bitten,
Ich werd' alles für uns kitten.

Schau' dich um, dreh' dich um.
Und sieh' mich noch einmal an.
Sieh' mir ins Gesicht, sieh' mir in die Augen.
Und was siehst du?
Ich sehe nichts.
Ich sehe nichts mehr.

Die Hoffnung, die Liebe, der Glaube:
Das ist (alles) verlassen und einsam.
So sitz' ich hier und kann nicht anders.

Muss immer an dich denken,
muss immer an dich glauben,
muss immer an dich hoffen,
muss immer an dich lieben.

Dich lieben war alles.
Dich lieben war ich.
Und jetzt? Und jetzt?

Ich würde für dich sterben.
Ich würde alles für dich geben.
Ich glaube dir.
Ich vertraue dir.
Das ist Liebe.

Ich stehe bei dir.
Ich stehe zu dir.
Ich verstehe dich,
was auch immer du sagst.
Das ist Liebe.

Ein Licht in der Dunkelheit.
Eine Kerze, die wärmt.
Eine Hand, die borgt.
Ein Körper, der schützt.
Das ist Liebe.

Augen, die funkeln.
Lippen, die sprühen.
Ein Gesicht, das glänzt.
Ein Charakter, der liebt.
Das ist Liebe.

Hände, die helfen.
Arme, die umarmen.
Ein Mund, der lächelt.
Ohren, die zuhören.
Das ist Liebe.

Augen, die weinen.
Finger, die fühlen.
Worte, die trösten.
Umarmungen, die beschützen.

Das ist Liebe.

Ein Leben, das gibt.
Ein Herz, das sich öffnet.
Eine Seele, die sich verbindet.
Ein Mensch, der sich aufgibt,
(für die Liebe) für einen anderen Menschen.
Das ist Liebe.

Was ist Liebe?
Liebe ist Liebe.
Liebe ist Liebe.

Du (II)

Wie ein Feuer in der Dunkelheit,
wie eine Kerze, die wärmt,
wie ein Mund, der lächelt,
so bist du.

Wie eine Hand, die gibt,
wie ein Mantel, der dir geborgen wird, weil dich friert,
wie ein Kuscheltier, das sich an dich kuschelt,
so bist du.

Wie Farben, die sich freuen,
wie Musik, die beruhigt,
wie Sterne am Himmel in der Nacht und wie die Sonne am Tag,
so bist du.

Du bist alles für mich,
und doch bist du nicht da.
Du bist alles für mich,
ich weiß, das ist wahr.

Und wenn ich einmal sterbe,
so sollst du sicher sein,
dass du meiner Liebe Erbe,
die einmal war die mein.

Und soll ich einmal sterben,
so seie dir gewiss,
dass ich der Deine bin,
heute und ewiglich.

Und soll ich einmal sterben,
und du bist nicht mehr da,
dann wirst du daran denken,
dass meine Liebe wahrhaft war.   Ich liebe dich.

Ich und Du

Ich sehe dich – die Schönheit lässt mich träumen,
Ich sehe dich – mir wird so kalt und heiß,
Ich sehe dich – die Liebe lässt mich schäumen,
Ich sehe dich – doch was ist dieser Preis.

Ich begehre dich – doch du siehst mich im Dunkeln,
Ich begehre dich – aber ich trau' mich nicht,
Ich begehre dich – doch du scheinst nur zu munkeln,
Ich begehre dich – aber du siehst in mir nur den Wicht.

Ich hab' dich gern – bitte zeig mir deine Liebe,
Ich hab' dich gern – bitte zeig mir deiner Freude Glück,
Ich hab' dich gern – vergiss doch alle Triebe,
Ich hab' dich gern – wenn du gehst, komm' zu mir zurück.

Ich liebe dich – ich will alles für dich machen,
Ich liebe dich – mein Herz schlägt nur für deines Lebens Schmerz,
Ich liebe dich – komm lass uns zusammen wachen,
Ich liebe dich – nur dir gehört mein ganzes Herz.

Ich hab' von dir geträumt

Ich hab' von dir geträumt,
noch bevor ich dich das erste Mal sah,
Ich wusste nicht, was ich alles hat' versäumt,
doch bei deinem Anblick, deiner Schönheit wurd's mir klar:

Ich hab' von dir geträumt
von einem Engel wie du in den Höh'n,
Du hast im Blitze mein Herz enträumt,
du bist so bezaubernd, so wunderschön.

Ich hab' von dir geträumt,
bitte verlass' mich nie in meinem ganzen Leben,
Du hast meine Liebe ins Unendliche entschäumt,
lass uns gemeinsam mit uns'rer Liebe nach den Sternen streben.

Ich hab' von dir geträumt,
du Schönheit von meiner Seele, von meinem Herzen,
Ich hab' von dir geträumt,
mit dir durchleide ich alle Schmerzen.

Ich hab' von dir geträumt – und nur von Dir,
lass uns machen mein Ich und dein Du zu unser'm einen „Wir".

Es ist die Liebe

Die Vernunft versagt,
die Worte fehlen,
die Gefühle spielen verrückt:
Es ist Liebe!

Der Körper erzittert,
die Ohren sind taub,
die Welt ist bunt:
Es ist Liebe!

Die Zweifel schwinden,
die Hoffnung erblüht,
die Freude erwacht:
Es ist Liebe!

Die Wahrheit wird sichtbar,
das Licht erhellt,
die Verbindung erwächst:
Es ist Liebe!

Der Irrtum verstummt,
der Glaube entbrennt,
die Fröhlichkeit erklingt:
Es ist Liebe!

Ich bete an die Macht der Liebe

Ich bete an die Macht der Liebe,
an die Regentschaft dieser Kraft,
ich bete, dass die Güte bei mir verbliebe,
und das Unvergängliche in meinem Innern schafft.

Die Macht der Liebe sei meine Tapferkeit,
die Macht der Liebe sei mein Mut,
die Macht der Liebe gebe mir Schutz und Geleit,
die Macht der Liebe, sie sei mein Gut.

Ich bete an die Macht der Liebe,
mir getreu zu sein in dieser Stunde,
und mir sodann die Huld und Gunst zuschiebe,
mich so bewahren vor Schmerz und Wunde.

Oh, hörst du mich, du Macht der Herzlichkeit?
Ich suche dich, ich brauche deine Hilfe,
sei du mir Leidenschaft und Innigkeit,
bezeuge meine Zuneigung, Gehilfe.

Ich bete an die Macht der Liebe,
dass sie mir beisteht, meiner dient,
dass sie Amors Pfeile vorantriebe,
und meiner Liebsten schon erschient.

Durchstreife all mein Denken, Reden, Tun,
sei meine Macht, die ewiglich was Jenseitiges schafft,
sei bei mir im Wachen und im Ruh'n,
sei du in Liebe meine Botschaft.

Ich bete an die Macht der Liebe,
du mein Sternlein in der Nacht,
du Kraft, die in Rosen und Blumen gibt Triebe,
und du, die uns alle bewacht.

Gib du mir Kraft, um die Liebe zu erlangen,
sprich du in meinen Worten jene Wärme aus,
lass all jene, die dich suchen, dich umfangen,
und gib den Liebevollen ein Zuhaus'.

Ich bete an die Macht der Liebe,
nur du kennst mein Begehren,
ich bete an die Macht der Liebe,
verhilf mir im Herzen zu Ruhm und Ehren.

In deinem Gloria und deinem Glanz',
erzeigt sich alle Schönheit auf,
deine Pracht, dein Klang und deine Anmut ganz,
gibt Strahl und Schein und Freudenfeuer zuhauf.

Ich bete an die Macht der Liebe,
steh' du mir bei, sei mein Verlangen,
schließ' einen Bund meinem Wunsch zuliebe,
fern sei daher Zweifel, fern sei Bangen.

Deine Macht, die sei Vertrauen,
deine Freude sei die Lieblichkeit,
in deinem Glaube lasse uns erbauen,
das Glück aus deiner Herrlichkeit.

Ich bete an die Macht der Liebe,
bereite meinen Weg und mein Begehr,
dass mein Liebchen unterschriebe,
mit den Worten: „Ich lieb' dich so sehr".

Lass meine Gefühle Liebe leben,
lass mein Herz ganz dem ersehnten Engel sein,
lass meine Empfindungen der Angebeteten geben,
sei du in der Dunkelheit mein Lichtelein.

Ich bete an die Macht der Liebe,
du mein Engel, mein Mond und meine Sonne,

die Wolken am Horizont du verschiebe,
und aufzeige innige Gefühle und neue Wonne.

Liebe ist mehr

Liebe ist mehr als Worte sagen,
Liebe ist mehr als Taten zu tun,
Liebe ist mehr als 'was Neues zu wagen,
Liebe ist mehr als Fortschritt oder ruh'n.

Liebe ist mehr als einander zu geben,
Liebe ist mehr als einander zu schenken,
Liebe ist mehr als Freundschaft zu leben,
Liebe ist mehr als an den ander'n zu denken.

Liebe ist mehr als ein Herz, das pocht,
Liebe ist mehr als ein Licht in der Dunkelheit,
Liebe ist mehr als das Blut in den Adern kocht,
Liebe ist mehr als die Ewigkeit.

Wahre Liebe übersteigt jegliche Vorstellungskraft,
Wahre Liebe ist eine andere Dimension,
Wahre Liebe ist etwas, das was Jenseitiges schafft,
Wahre Liebe – wer kennt sie schon?

Für das unbekannte Fräulein

Lass mich dir nahe sein,
lass mich dein Herz berühren,
lass mich in dein Sein hinein,
lass mich deine Liebe spüren.

Wenn ich dich des Tages seh',
so seh' ich meine Liebe,
wenn ich dich des Nachts erträum',
so wünsch' ich, dass der Traum verbliebe.

Dein Lächeln ist der wunderschönste Glanz,
dein Lachen wie engelsgleicher Gesang,
deine Augen versprühen herrlichste Eleganz,
dein Gesichtchen gleicht einem Sonnenaufgang.

Die Wallung in mei'm Blute,
die Freude dich zu sehen,
ich seh' in dir das Schöne und das Gute,
nie wird diese Empfindung je vergehen.

Meine Worte sind nur Hauch,
mein Herz sagt's übersinnlich,
meine Gefühle spüren solches auch:
Ich liebe dich.

Lass mich der Deine sein,
lass mich an deiner Seite leben,
sei du das Herzlein mein,
lass mich dir meine Liebe geben.

Sei du mein Herzensdiebe,
sei du mein Seelenhafen,
sei du mir mein, sei du meine Liebe,
sei du mein Wachen und mein Schlafen.

Ich mag an dich hintreten,
ich mag dich - bin von dir durchtrieben,
ich mag dich beschützen, dich anbeten,
ich mag dich erobern, ich dich lieben.

Nicht in Worte zu fassen

Kein Mensch sehnt sich so nach Liebe,
Kein Mensch so geliebt zu werden,
Ich bete, dass das Gefühl ewig bei mir bliebe:
Es ist die Liebe, die Liebe auf Erden.

Ich sehnte mich nach Liebe,
Ich sehnte mich nach dir,
So möge mein Herz, dass es ewig zu dir triebe,
Du mein Leben, mein Begier.

Kein Mensch sehnt sich so nach Liebe,
Kein Mensch so geliebt zu werden,
Würdest du mich lieben,
Wäre ich der glücklichste Mensch auf Erden.

Meine Gefühle will ich dir anerbieten,
Mein Herz, meine Seele und mein Verstand,
Nicht in Worte zu fassen ist das Lieben,
Das ich in dir, das ich bei dir fand.

Kein Mensch sehnt sich so nach Liebe,
Kein Mensch so geliebt zu werden,
Reich' mir deine Hand zuliebe,
Den Himmel zu finden auf Erden.

Wo mein Herz schlägt

Wo mein Herz schlägt, immerzu.
Wo mein Herz schlägt, da bist du.
Wo mein Herz schlägt, da bin ich.
Wo mein Herz schlägt, sagt's: „Ich liebe dich."

Wo mein Herz ist, da ist Liebe.
Wo mein Herz ist, da ist kein Platz für Diebe.
Wo mein Herz liegt, da liegt Glückseligkeit.
Wo mein Herz liegt, da liegt ein Stückchen Ewigkeit.

Wo mein Herz hängt, da hängt Harmonie.
Wo mein Herz hängt, da hängen Poesie und Phantasie.
Wo mein Herz fühlt, da fühlt es Wonne.
Wo mein Herz fühlt, da fühlt es die Sonne.

Wo mein Herz spricht, da spricht Melodie.
Wo mein Herz spricht, da spricht Sympathie.
Wo mein Herz ruft, da ruft es nach Frieden.
Wo mein Herz ruft, da soll es den Ruf nach Liebe schmieden.

Wo mein Herz schlägt, da schlägt mein Leben.
Wo mein Herz schlägt, da schlägt all mein Tun und Streben.

Wo dein Herz schlägt, lass dich nieder.
Wo dein Herz schlägt, schlägt es immer wieder.

Eine Liebe, die wünsche ich euch für alle Zeit:
Eine Liebe, die reicht bis in die Unendlichkeit.
Eine Liebe, von euch zweien geliebt.
Eine Liebe, die verzeiht und vergibt.

Eine Liebe, die nie zu Ende geht.
Eine Liebe, die bis in alle Ewigkeit besteht.
Eine Liebe, die euch ewig bindet.
Eine Liebe, die ihr in dem andern findet.

Ihr zwei habt euch jetzt gefunden.
Ihr zwei besiegt alle Schmerzen und Wunden.
Ihr zwei seid füreinander bestimmt.
Ihr zwei, in der gleichen Tonart gestimmt.

Eure Liebe besiegt alles und jeden.
Eure Liebe erschöpft sich nicht im Reden.
Eure Liebe ist die Schönheit der Erde.
Eure Liebe eine ewige Liebe werde.

Eine Liebe, die Trauer überbrückt.
Eine Liebe, man meint sie sei verrückt.
Diese Liebe, die alles übersteht. -
Diese Liebe, die wünsche ich euch, die nie vergeht.

Ohne Dich

Ohne Dich - kann ich nicht mehr sein.
Ohne Dich – fühl' ich mich so allein.
Du bist alles für mich - ich will dich lieben.
Du bist alles für mich - ich hab dich in mein Herz geschrieben.

Ohne Dich - weil ich dich verehr.
Ohne Dich - ich lieb dich so sehr.
Komm zu mir - dich lieben ist alles.
Komm zu mir - du meines Herzens Kristalles.

Ohne Dich – wär' ich ganz allein.
Ohne Dich - du bist mein Leben, mein Sonnenschein.
Ich kann dich nicht vergessen, du bist so wunderbar.
Ich kann dich nicht vergessen, so wertvoll, so kostbar.

Ohne Dich - komm ich nicht zur Ruh.
Ohne Dich – denn, was ich will, bist du.
Nur mit dir, will ich durchs Leben gehen.
Nur mit dir, ich hab dich ausersehen.

Ohne Dich - erscheint alles so grau.
Ohne Dich - ist alles so mau.
Allein mit dir, denn du gibst allem einen Sinn.
Allein mit dir, ist die Liebe Gewinn

Ohne Dich - will ich nicht mehr leben.
Ohne Dich - kann meine Liebe nicht vorwärts streben.
Lass meine Liebe dich ewig lieben.
So sei meine Liebe in Dir verblieben.

Stern in der Nacht

Ich fühle nur dich,
du bist alles für mich,
wie ein Stern, der allezeit wacht,
wie ein Stern in der Nacht.

Du erscheinst einfach toll,
am Himmel so friedvoll,
wie ein Stern, der gibt acht,
wie ein Stern in der Nacht.

Dein Licht erstrahlt,
du erscheinst wie gemalt,
als Stern, als Himmelsmacht,
wie ein Stern in der Nacht.

Deine Wärme so hell,
du bist niemals zu grell,
du bist eine Allmacht,
wie ein Stern in der Nacht.

Dein Gesichtchen so schön,
ich werd nie von dir gern,
du bist einfach eine Pracht,
wie ein Stern in der Nacht.

Wenn alles im Dunkeln,
seh' ich dich ganz hell funkeln,
du hast mir dein Licht gebracht,
wie ein Stern in der Nacht.

Wenn es nicht mehr weiter ging,
warst du mein rettendes Ding,
du hast meiner gedacht,
wie ein Stern in der Nacht.

War der Himmel voll Wolken,
lebte ich in Misserfolgen,
hast du mir Freude gemacht,
wie ein Stern in der Nacht.

Mal war alles so traurig,
das Gemüt war ganz schaurig,
hast dann mich einfach angelacht,
wie ein Stern in der Nacht.

Du bist die Schönheit in meinem Leben,
ich würde alles für dich geben,
du hast für mich alles vollbracht,
wie ein Stern in der Nacht.

Und geht es mir mal schlecht,
biegst du die Probleme zurecht,
bist meine Decke, die mich wärmt und mich schützt und die mich über-
dacht,
wie ein Stern in der Nacht.

Dein Lächeln verzückt,
du machst mich einfach verrückt,
du hast meine Liebe entfacht,
wie ein Stern in der Nacht.

Ich hab dich in mein Herz geschrieben,
Ich will dich ewig und immerdar lieben.
Ich will dir Treue und Vertrauen geben,
Ich will mit dir gemeinsam Liebe leben.

Ich hab dich in mein Herz geschrieben,
Du hast die glücklose Zeit vertrieben.
Du bist die Rose, die jederzeit blüht,
Du bist die Zuversicht, die nie verglüht.

Ich hab dich in mein Herz geschrieben,
Dort allein waltest nur du nach Belieben.
Du bist meine Freude, meine Liebe, mein Sein,
Du bist bei mir und ich bin bei dir - daheim.

Ich hab dich in mein Herz geschrieben,
Da ist meine Liebe zu dir verblieben.
Meine Liebe zu dir wird niemals enden,
Denn meine Liebe liegt in deinen Händen.

Ich hab dich in mein Herz geschrieben,
Ich werde dich niemals von dort verschieben.
Denn ich hab dich für allezeit in mein Herz geschrieben.
Du bist mein Herz, ich kann nur dich lieben,
Ich hab dich in mein Herz geschrieben.

Mit dir (hab ich das Gefühl)

Mit dir hab ich das Gefühl
auf einem Regenbogen zu gehen
im Herzen hab ich so ein Gewühl
und kann in deine Seele sehen.

Mit dir hab ich das Gefühl
auf Sonnenstrahlen zu laufen
Bei dir wird mir warm und kühl
Du machst mich zu einem Trümmerhaufen.

Mit dir schlafe ich auf Wolken
Und mit dir bin ich vom Glück beseelt
Mit dir fühlt sich das Abendrot gemolken
alles nur mit dir, weil ohne dich was fehlt.

Mit dir bummle ich durch den Regen
Und Du scheinst als mein Stern
Du bist für mich meine Welt, mein Leben auf allen Wegen
Ich lieb dich, ich hab dich gern.

Mit dir: Du bist ein Teil von mir und ich ein Teil von dir
Du schenkst mir die Zeit, um mich bei dir geborgen zu fühlen
Mit dir glitzert alles wie ein Diamant, wie ein Opal, wie ein Saphir
Mit dir sitze ich auf Feldern und Wiesen, nie am Tisch auf Stühlen.

Mit dir kann ich ganz so sein, wie ich möchte
und kann dir ganz und immerdar vertrauen
Wenn mein Herz mit deinem verflöchte
könnten wir gemeinsam über den Horizont schauen.

Wir lachen unterm Himmel
und weinen hinterm Mond
Ein Glockengeläut und Gebimmel
in unserm Herzen wohnt.

Niemand kann uns was anhaben
Wir gegen die Welt
An dir kann ich mich laben,
weil mir alles an dir gefällt.

Mit dir ist alles wundervoll
Und dennoch überraschst du mich jeden Tag
Mit dir, ist es, wie es sein soll
Mit dir, weil ich dich mag.

Mit dir: Liebe, Genuss und Hingabe
Ich will dich festhalten, so fest ich kann
Weil ich mich an dir labe, weil ich dich habe
du ziehst mich in deinen Bann.

Es gibt nur dich und mich! -
Ausrufezeichen und Gedankenstrich
Wenn ich es irgendwie könnte, es wäre nicht vergebens,
ich würde dich lieben, bis ans Ende meines Lebens.

Mit dir gehe ich bis ans Ende der Welt
und darüber hinaus
Mit dir,
Mit dir, weil bei dir bin ich Zuhaus.

Mit dir bin ich mir sicher.
dass alle meine Wünsche erfüllt werden
Mit dir an meiner Seite
Mit dir, im Himmel und mit dir auf Erden.

Mit dir.
Nur mit dir.
Allein mit dir.

… bis wir uns finden…

… bis wir uns finden…
… bis wir verschwinden…

… bis wir uns wieder sehen…
… bis unsere Herzen zusammen gehen…

… bis die Wolken wieder lila sind…
… bis bald und bis dahin geschwind…

… bis zum Mond und wieder zurück…
… bis zum unendlichen Glück…

… bis zum Ende der Welt und darüber hinaus…
… bis immer wieder, tagein und tagaus…

… bis zu den Sternen…
… bis wir uns kennenlernen…

… bis ich dich finde…
… bis ich Verstand und Herz überwinde…

… bis unsere Liebe besteht…
… bis diese Welt vergeht…

… bis du mich liebst…
… bis ich dir und du mir alles vergibst…

… bis zur Morgenröte und bis zum Abendschein…
… bis im Dunkeln kommt das nächste Lichtelein…

… bis in die Ewigkeit…
… bis jenseits dieser Zeit…

… solange suche ich dich…

… solange möchte ich bei dir sein…
… solange ist mein Herz gefangen…
… solange denke ich an dich…
… solange bin ich bei dir…
… solange liebe ich dich…
… solange und noch viel, viel länger…

Halt fest!

Halt mich fest – wenn niemand da ist.
Halt mich fest – weil du mein Halt bist.
Halt mich fest – überall und für immer.
Halt mich fest – jetzt oder nimmer.
Halt mich fest – dort und hier.
Halt mich fest – an dir…

Halt dich fest – weil ohne dich wird es schlimmer.
Halt dich fest – du bist mein Hoffnungsschimmer.
Halt dich fest – und es geschieht uns nichts zuleide.
Halt dich fest – ganz fest, wir brauchen uns beide.
Halt dich fest – ich brauch dich hier.
Halt dich fest – an mir…

Ich halt mich fest – an dir…
Ich halt dich fest – an mir…

Du hältst mich fest – an dir…
Du hältst dich fest – an mir…

Ich halt dich fest – und lass dich nie mehr los.
Du hältst mich fest – und schenkst mir Trost.
Wir halten uns fest – bedingungslos.

Halt dich an mir fest!
Ich halt mich an dir fest,
Halt mich an dir fest!
Ich halt dich an mir fest.
Halt mich, halt dich,
und wir halten uns.

Wenn es dich irgendwo gibt,
werde ich niemals müde, dich zu finden.
Wenn es dich irgendwo gibt,
so will ich mein Herz ewig an dich binden.

Ich hoffe, es gibt dich.
Ich spüre, es gibt dich.
Ich hoffe, ich sehe dich.
Ich spüre, ich liebe dich.
Ich hoffe, ich finde dich.

Wenn es dich irgendwo gibt,
suche ich dich ewig und mein Leben lang.
Wenn es dich irgendwo gibt,
warte ich auf dich bis zum letzten Sonnenuntergang.

Irgendwo – werden unsere Seelen sich spüren und sehen.
Irgendwann – werden wir glücklich zusammen sein.
Irgendwie – werden wir gemeinsam durchs Leben gehen.
Irgendwas – wird uns eines Tages verbinden insgemein.

Wenn es dich irgendwo gibt,
so wird deine Liebe mein Herz aufspüren.
Wenn es dich irgendwo gibt,
wird uns das Schicksal zusammenführen.

Ich hoffe, du siehst mich.
Ich hoffe, du liebst mich.
Ich hoffe, du findest mich.
Ich glaube, du fühlst mich.
Ich fühle, wir begegnen uns.

Wenn es dich irgendwo gibt,
so will ich dich dort entdecken.

Wenn es dich irgendwo gibt,
so wird unsere Liebe uns erwecken.

Wenn es dich irgendwo gibt,
werde ich niemals müde, dich zu finden.
Wenn es dich irgendwo gibt,
werde ich mein Herz ewig an dich binden.

[C] Mundartgedichte, Heimatgedichte, pfälzer Lyrik

Vum Woi

Im Woi liecht Wohret,
des is wohr oder net,
uns Pälzer is des nämlich eigendlich egal,
denn, wer die Wahl hat, hat die Qual.
Mir dringen de Woi awwer alle gern,
ob mit oder schun ohne Hern.
Er macht Hässliches schä,
un große Sache macht er klä.
Er macht, die wou was sehen, schäl,
un Grünes macht er gäl.
Egal ob ä Värdel oder doch besser en Schobbe,
Hauptsach 's is en gude Trobbe.
D'rum stimmen alle mit 'mer oi,
Ä Loblied uf de pälzer Woi:
Du pälzer Woi,
du 's högschde der Gefühle,
dich brauch' ich, um mich absekühle,
dich brauch' ich schobbeweis,
sonschd wär ich wieder heiß.
Du pälzer Woi, du pälzer Reb',
du bischd des, wofir ich leb'.
Du pälzer Wingert, du pälzer Land,
ä Hoch uf dich, en Schobbe zur Hand.
Uf dich drink ich, fa dich leb' ich,
un ich trink dich in 0,5-Schobbe,
alles an're is nämlich schäbich.

's Friejohr

's Friejohr is ä gude Zeit,
do is es dann ach wi'r soweit:
do fangt des Läwe wider o,
do sin die Blume wider do,
die Rewe im Wingert brechen aus,
un ach ma selwer geht mol naus,
vielleicht mol zu de Annergasser Kerwe,
do konnschd dann dringe un wärschd net märwe,
do schmeckt de Wei, als wär er nei,
do riechds noch Gräser un noch Hei,
do bliehschd ach selwer wider uf,
geschd owends fort, magschd äner druf,
un ach die Mädels gugschd mol o,
vielleicht kumschd jo dies Johr an äni dro.
's Friejohr is ä gude Zeit:
's bliehen alle uf: die Blume, 's Läwe un die Leit.

Made

Wo de Wald die Rewe kisst,
Wo ma' die Wingert umarme misst,
Ja, nur do, so wie ich män,
Ja, nur do, bin ich dehäm.

Mei Made, du Perle im Pälzer Land,
Ich trink uff dich, en Schoppe zur Hand,
Du Dorf der Künstler un Musikande,
Du, des knüpfschd immer ä Freundschaftsbande.

Du Dorf in de pälzische Toskana,
Wo erblühen Morio, Riesling un Silvaner,
Du so schä geleche zwische Bräde- un Wingertsberch,
Du Winzerdorf, wo inmitte umstrahlt von uns'rer Kerch.

Oh Made, mei Läwens-, mei Friedensglick,
Dich lieb' ich fer mich Stick fer Stick,
Du mei Made, umplanzt vum Rewemeer,
Du mei Made, ich lieb' dich so sehr.

Uf dich drink ich, fer dich läb ich,
an dich glab ich, an dich denk ich,
Ich hoff, mei Made, du erstrahlst ewich.

Wie ich män...

Ich sach net so un sach net so,
schunschd häßt 's, ich hätt so oder so gsachd.
Ich wäß net wann, ich wäß net wo,
wenn mich äner frochd, na dann, „gud Nacht".

Ich halt mich aus allem raus,
dann kumm ich ach in nix noi.
Ich steh ganz ruhig vor mei'm eichne Haus,
un drink ä, zwä, viel Schoppe Woi.

Ich bin neigierich wie ä Kind,
ich muss ma jo ach mei Meinung druf mache,
doch wie ä Fänel im Wind,
red ich wie jeder will, un du dann dodriwer noch lache.

Wenn äner kummd un was wisse will,
is er bei mir an de falsche Adress.
Ich sach nix, verrick nur mei Brill,
un du schweiche ganz kess.

Von jedem wäß ich alles,
doch sache du ich nix,
awer jeder, wo wäß, dass ich was wäß,
der bringd mer koschdelos en Schoppe – ganz fix.

Ou, is des schäi.
Arch schäi.
Mehr wie schäi.
Schänner wie schäi.
Uh, järrem, wie schäi.

Guck emol, do driwwe.
So was hab ich meim Lebbdach noch net gseh.
Nä, du Loddel, net do hiwwe.
Mit deine Äch muschd do niwwer geh.

Schäiner geht's nimmi, konn ich do nur sache.
Do kummd an so was gar nix dro.
So schäi, des schlachd ma uf de Mache.
Do konnschd nur sache: „Ache, verweilen mo!"

Schäi ach bis ufs Iderle, bis uf jedi Klänichkeit.
Schäi fer d' Oma, de Enkel un de Bawwe.
Schäi vun nohem un ach schäi vun weit.
Schäi zu sehe; schäi, des gseh zu hawwe.

Äfach schäi.
Schäi, halt.
Arch schäi.
Ou, is des schäi.
Sagschd nix wie schäi.
Schäi.

Mir sin mir.

Ma kennt sich. Ma schätzt sich. Ma wäß wie de anre denkt.
Mir sin halt mir.
Mir sin Pälzer.
Äfach nur Pälzer.
Ja, wer sin mir dann iwwerhaupt?
Ganz simpel un äfach: Pälzer. Aus de Palz.
Aus de deitsche Toskana.
Do, wo de Wald die Rewe küsst.
Anre sin Papschd.
Du bischd Deitschland.
Awer mir sin Pälzer.
Mir sin mir.
Ma kennt sich. Ma schätzt sich. Ma wäß wie de anre denkt.
Schäi, dass mer uns mol wider getroffe hän.
Alla hopp, mach's gut.
Mir sin mir.

Oder?

Ah jo, oder?
Oder net?
Oder doch?
Oder doch net?
Oder vielleicht doch?
Ma wäß es net.

Frieher

Mir frieher waren ganz anerschder als heit:
Mir hän noch Schmackes ghat un Mut,
awer jetzerd sin die Junge net so weit -
Frieher war halt alles besser, frieher war halt alles gut.

Es war frieher jo net alles schlecht.
Mir waren jo ach mol jung - awer net so!
Mir waren ehrlich, mir waren gerecht,
un wo is des heit? Wo?

Bis äner heilt, un dann will's wieder käner gewest sei,
so is die Juchend vun heit, do konnschd nix mache.
Die trinken jo als Kinner schun de pure Wei,
un machen noch mehr so bleedsinniche Sache.

Alle in en Sack un dann mit'm Knibbel druf,
do triffschd immer de Richdich.
Des is doch alles nur noch ein änziche Kabuff,
Järrem, nimmt sich do jeder so was vun wichdich.

Des vun heit – des hätt 's bei uns net gewe!
Wennd so sagschd: Mir hän jo ach nix ghat!
Des war zu unsre Zeit ä schweres Lewe:
Zu Weihnachte gab 's jo nur än Appel un ä Ei - mol en Salat.

Mir hän noch hungrich ins Bett gehe misse.
Es war jo nix do, zum Lewe zu wenich zum Sterwe zu viel.
Die Junge wollen jo vun so was nix mehr wisse,
die denken jo, mir Alde wären alle senil.

So was sollten mir uns mol eraus nemme!
Do waren mir frieher viel zu ruhig un zu matt.
Mir mussten uns vorm Fortgeh noch kämme,
heit trachd ma jo die Hoor liewer struwwlich statt glatt.

Erschd zieht ma se groß, un dann wern se frech!
Des hab ich meim Lebdach noch net gseh.
Des is doch nimmi normal, des is ach kä Pech,
wenn des so weiter geht, oh weh – oh weh!

Wenn des jeder mache würd'!
Des is doch uhmechlich.
Awer was mir gschaffd hän, frieher!
Do denk ich nur an de Großvater selich.

Frieher hot en annere Wind geweht,
do war's ach noch im Summer kalt.
Der Wind hot sich jo mittlerweile gedreht,
mir dirfen des (jetzt), mir sin jo schun alt.

Als mir so ald waren – Nä!
Oh, hän mir do Zeich gemachd.
Ach Gott, war des schä,
was hän mir gelachd.

Gut, mir friehr waren jo net annerschd!
Mir waren eher noch schlimmer.
Ach, wenn ich do zurickdenk:
Sagschd nix: Was ma kinn, des kinn mer.

Kennschd du des Land, wo die Rewe bliehn,
Im goldne Laab die Sunnestrahle gliehn,
En sanfde Wind vum blaue Himmel weht,
Des Schäine scheinbar nie zu Ende geht,
Kennschd du des vielleichd?
Do anne! Do anne!
Will ich mit dir, mei Mädel, schwebe federleichd!

Kennschd du die Bächelscher, wo aus em Fels entspringen,
Wo alle Arte vun Vöchelscher ihr schäinschde Lieder singen,
Die schäine Berche, Hiechel, Mandelbääm,
Wo du grad so mänschd do bischd dehäm,
Kennschd du des vielleichd?
Do anne! Do anne!
Will ich mit dir, mei Mädel, schwebe federleichd!

Kennschd du de Pälzer Wald, die steile Wingertshäng,
Die Zeit verfliechd dort, die zieht sich net in die Läng,
Aus Trauwe wird dort gholt eraus de beschde Woi,
Do mänschd du scheinschd im wundervollschde Rausch zu soi,
Kennschd du des vielleichd?
Do anne! Do anne!
Will ich mit dir, mei Mädel, schwebe federleichd!

Kennschd du die Felder, Täler, Wiese?
Ma will un konn dort äfach still genieße.
Kennschd du dort die Blüte- un die Blumepracht?
Wo Fräd un Fröhlichkeit in dei'm Herz erwachd.
Kennschd du des vielleichd?
Do anne! Do anne!
Los uns gemeinsam jetzt schwebe, mei Mädel, federleichd!

Wei un Wasser

(Mitautor: Marcus Weber)

Äner trinke mer noch:
Än Schoppe:
Nei:
Wei un Wasser, Wasser un Wei.
Äner bis zum Kärschefenschder,
äner bis zum Arsch vum Reider,
äner halwer-halwer,
äner ganz arch wenich,
än normale,
än dicke / fette
än dünne / schmale,
än abgspritzte,
än Gschmeidiche,
soviel Möglichkeite,
awer nur ä Getränk:
- än Schorle!
Entdecke die Möglichkeide!

(Un falls so geschehe, so schließt des Gedicht mit dem Spruch des Trin-
kers:
Proschd!)

Hä?

Häää?
Hoschd was gsachd?
Nä, nix.
Ah, dann hab ich richdich ghert.
Hää?

Vun de Sunn in die Trauwe,
vum Bode in die Trauwe,
vum Blatt in die Trauwe,
vum Herz in die Trauwe.

Vun de Reb in de Kiwwel,
vun de Kiwwel in de Hott,
un alle paar Wingertstiewel,
geht die, weil se voll, ach dann fort.

Von de Hott ins Maischekärchel,
vum Maischekärchel in die Kelter,
de Rewesaft geht dann in de Keller unners Berchel,
de Treschder geht degeche naus in die Felder.

Vun de Kelder ins Fass
vum Fass in die Flasch,
getrunke in de Gass,
werd er ganz rasch.

Vun de Flasch ins Glas,
des Glas, en Schoppe.
Vum Glas in de Kopp, des wars.
De Wei, egal wo in de Pfalz, is en gude Troppe.

Alla.
Die wo do warn, warn do.
Die annere net.
Die warn fort.
Awwer:
Der wo do is, gilt.
So. gut gebrilld.
Weider geht's.
Selbschd wenn's annerschd wär, wär's net annerschd.
Wer's wäß, werd's wisse.
Hopp. Auf.
Alla.
Alla hopp.

Alla! Hopp, auf!
Un wenn de Mache knorrt:
Kurzi Paus! – un schnauf!
Kumm, geh fort!

Un als weider,
wenns kä Trauwe hott.
Ich bin bei där,
mach hie, mach flott.

Un als weider,
ich bin bei der.
Un als weider,
mir schaffen des.

Un dann bischd du kumme

Un dann bischd du kumme,
du hoschd ma die Luft zum Schnaufe genumme,
weil dann bischd du kumme.

Ich sah nix mehr klar, es war alles verschwumme,
un dann bischd äfach du kumme.

Ich war traurich, ich war ferdich, ich war allä,
alles war dungel, alles war kalt, nix war schä.
Es Läwe war grau, es Läwe war fad.
Un ich war do, un war äfach malad.

Aussem nix war alles wieder do.
Du hoschd mich verzaubert,
Ich war wirrer froh.
Alleweil lach ich widder jo.

Du bischd mei Sunn, du bischd mei Blume,
was war ich fa en Lappel, was en Dumme.
Un dann bischd du kumme.

Du bischd mei Lichd, mei Herz hoschd eigenumme.
Als du hoschd zu mir gfunne.
Un dann bischd du kumme.

De Inschlich, die Stietz un es Reiwerle

Hämmer noch Inschlich do?
Des alde Fass im Keller rind.
Geh du do mo nunner un schmirrs dro,
ich geh mit, un zeich dir, wie ma's mache kind.

Ah, jo, Inschlich schmieren mir ans Fass,
un wenn ma schun debei sin, hol emol ä Stietz.
So, do lafft jetzt nix mehr aus, werd nix mehr nass,
die Stietz jetzterd unners Reiwerle, dass de Wei net verspritzt.

Des Reiwerle, Gott sei dank, is des erfunne worre.
Ohne des konnschd jo vum Fass nix abzappe.
Des Reiwerle, wie schäi, braugschd gar net so zu morre,
des machd die Stietz voll, jetzt kinn mer widder ausem Keller dappe.

Oh, Reiwerle, oh Reiwerle,
mei Reiwerle, mei Reiwerle,
loss laafe, loss laafe,
hach's zu,
un Ruh.

Mei Reiwerle – was werd dann sei?
Änner trinke mer noch – schitt's nei.
Los laafe, mei Reiwerle,
loss laafe, dann bleiwe mer.

So schäi de Keller, so schäi es Fass, so schäi de Wei
Was werd dann sei?
Wo wills dann ach hie?

196

Jou.

Jou.
Ach jou.
Jou. Jou.
Jooh, jou.
Jou!

Wäschd wie ich mään…spürschd wie ich fühl?

Wäschd wie ich mään,
ob fort, dort oder dehäm?
Spürschd wie ich fühl,
oder merkschd, wo ich wiehl?
Kabbierschd was ich sach,
oder herschd net hie, was ich dir klach?
Verstehschd was ich will,
oder hoschd du ä anneres Gfiehl?
Begreifschd was ich denk,
oder is dir klar, wohie ich mei Gedanke lenk?
Erkennschd was ich babbel,
oder machts bei dir im Kopp net rabbeldidabbel?
Ahnschd was ich mechd,
oder laafts in deine Härnwindunge grad ganz schlechd?
Glaabschd was ich färchd un lachschd dich grad dodriwwer schlab,
oder hoschd bammel vor dem, was ich gschlawwerd hab?

Du mein Wei, Du mein Herbschd,
Du mei Reb, Du mei Traub.

Du mein Kiwwel un mei Hott,
Du mei Maischekerchel,
Du mei Maischekerchelsche.

Du mein Wingert, Du mein Tragdor,
Du mei Bitt, Du mei Treschderkerchel.
Du mei Ahbaugeräte, Du mei Spritz,
Du mein Laabschneider, Du mein Vollernter.

Du mei Fässer, Du mein Filter,
Du mei Kelter, Du mei Bumb.

Du mei Schleich, Du mei Abfillahlag,
Du mei Korkmaschin,
Du mei Flasch, Du mei Eddigedd,
Du mein Korke – Du mein Wei.

Ich brauch dich, ich hab dich gern.
Ich lieb dich, mein Wei.

Made is Made is Made bleibt Made

Ahjoo,
des konnschd mir awwer glääwwe.
Jo, awwa.
Ach, ich glääb ders,
ich glääb der alles.
Glääwe un glääwe losse.
Glääb mers.
Wer's glääbd, werd selich.
Wennd's glääbschd, glääbschd dro.
Es is wie's is, weils kummd wie's kummd.
Häär, do is doch de Sack de Bennel net werd.
Inja.
Ähäh.
Verbodde duds ghäre.
Verbodde!
Warum?
Äfach, weil do immer Reiwerei is.
Wobei es is jo immer gut gange.
Un bevor es Katz nimmi will, ess ich es selwer.
Was fort is, is hald fort.
Es bleibd hald ach nix, wie's war.
Wannd was willschd, bass emol uff:
Kenner mer net, brauche mer net, fort demit.
Hämmer net, hämmer noch nie ghat,
krieche mer ach nimmi nei.
Was willschd dann mache, hää?
Drink noch en Schorle, hopp!
Es hett noch schlimmer kumme kinne.
Des machd doch nix.
Des hämmer immer so gemachd.
Häre mol här:
Los des Gebabbel, los des Gschwätz,
konnschd mache wasd wid:
Es liewer Flääschworschd un ä Krebbenetz.

Jerrem, u, jerrem.
Dummel dich, en Schorle!
Inja.

En Schobbe Schorle

'S wärd Zeit,
's widder so weit,
Dorschd haw ich,
Dorschd, eil dich,
un net verweil dich,
schnell, ihr Buwe,
ihr Buwe, schnell,
en Schobbe Schorle,
bevor ich mecker un bell:
Schnell, en Schorle, en Schorle schnell.

Du mein Schobbe Schorle,
am Ahfang en volle,
awwer wenn ich dich hab zur Hand,
dann trink ich dich leer bis zum Bodderand.

Wei un Wasser, Wasser un Wei,
mach net lang rum, schenk ei.
Machen net so dick am Ahfang,
schunschd werd ma Angschd un Bang.
Machen dann halwer-halwer,
(annerschd lall mer) dann gibt's ach kä Palawer un Palalwer.
Mach jetzerd en Abgspritzte.
Un die näggschde mach dick un fett.
Des wär arch schäi vun dir, des wär arch nett.
Zum Schluss mach en Gschmeidiche, en Dünne Schmale,
un mach ach die Rechnung, loss mich awwer net zuviel zahle.

Mach Wei un Wasser, Wasser un Wei,
mach net lang rum, schenk ei.
Wei un Wasser, Wasser un Wei,
es konn net schäiner sei.
Ich frä mich schun druff,
ich mach mei Mäilsche schun uff,
ich schluck nunner den Schoppe,
ich zuzlen aus bis zum ledschde Troppe,
ich trinken un ich genieß,
dass ich mein Wei spier im Kopp un im Herz - un in de Fieß.
Wei un Wasser, Wasser un Wei,
es konn net schäiner sei.

Konn kumme was wid,
hauptsach es kummd en Schorle.
Ich plär, ich bettel, ich bid,
Ich wäß, was ich will un annere wolle:
Es is en Schorle.

Is en Schorle do.
Bin ich froh.
Des sprudelnde Wasser,
der liebliche Wei,
es konn net schainer sei.

Schorle , ihr Buwe...
Ihr wissen, ihr hän was zu hole:
Ihr wissen, was alle immer un iwwerall wolle
... ihr Buwe, en Schorle.

Brotworschd mit Brötsche,
Losses noch uffm Grill, du's noch ä bissel röschde.

Bring mir äfach ä Boberdäl mit Weck,
So schä brä gebränd, dass ma grad so dro schleckd.

Mach Senf druff, uff des Brotwärschdel des weiße,
Ach is des schää, ma brauchd nur noch neibeiße.

So guuud, en Genuß, ma kinnd sich faschd hieknie,
So lecker, jetzt gilts: Zäh ausänanner und zammeziehe .

Beiße un schlucke, schlucke un beiße,
Brotwärschdel nei in de Mund un dann verspeise.

Es is ä Gedicht: Weck mit Brotworschd,
Hunger hoschd dann nimmi – hegschdens noch Dorschd.

Un was is so schäi, es kinnd ach besser net sei:
Äfach nur genuch von Weck, (Brot-)Worschd un Wei.

Herbschd

Riechschd du de Herbschd?
Geht in dei Nas de Geruch vun Treschder un Keller,
Trauwe, nasses Feld un annere Dämpfe riechschd schneller.
So is de Herbschd.

Siehschd du de Herbschd?
Bunt, rot, braun, grieh, gelb, grau, silwer, gold konnschd sehe,
alle Arte un Sorte vun Farwe dien aucheblicklich kumme un gehe.
Des is de Herbschd.

Heerschd du de Herbschd?
Die Bulldegg, Vollernter, Vöchelscher un annere Tiere,
des Laab, die Trauwe in die Kiwwel un die Herbschdleid dispediere.
So is de Herbschd.

Schmeckschd du de Herbschd?
Neie Wei, Zwiwwelkuche, Trauwe, Worschd, Weck un Wei,
Krebbenetz, Herzpeffer, Lewwerknedel un ach Saft derf es mol sei.
Des is de Herbschd.

Spürschd du de Herbschd?
De Pälzer Wind, des Glieck, die Liebe, de Frohsinn un die Frääd,
des Paradies, du mänschd, du hedschd schun immer do geläbd.
So is de Herbschd.

Des is de Herbschd.

Wo Felder grieh, rot, gelb un braun sin,
wo ich froh, berauscht un glücklich bin,
wo ich mään ich trääm,
Do bin ich dehäm.

Wo alles aussieht wie im Paradies,
wo dich immer wieder hietrachen dei Fieß,
wo ich mich wohlfühl un net schäm,
Do bin ich dehäm.

Wo alles golden, silwer un bronze scheint,
wo Recheböche sin un ab un ah de Himmel greint,
wo ich iwwerall des Schäine sähn,
Do bin ich dehäm.

Wo alle zammehalden un sich verstehn,
wo ma die Elwedrittsche fange kann un sehn,
wo Wingert, Felder, Wälder sin un Bääm,
Do bin ich dehäm.

Wo Wald un Rewe ä Päärle sin,
wo ich spür, dass ich selig bin,
wo Frääd iwwerall zu finne is, so ich mähn,
Do bin ich dehääääm.

Das Dörfchen St. Martin

Wo der Kropsbach sich durchschlängelt,
wo die Schönheit dich augenblicklich gängelt,
dort, nur dort, liegt nah am Wald und doch fernhin,
ein schmuckes Örtchen in der Pfalz, das kleine St. Martin.

Wo Breitenberg und Hochberg zusammenfinden,
wo Sonne und Weinberge sich verbinden,
komm hierher, mein Freund, und sieh:
Da herrscht wahre Harmonie.

Und kommst du, oh Freund, nach St. Martin hinein,
so kannst du dir über Glückseligkeit sicher sein.
Fremde sind hier Freunde, die sich noch nicht trafen,
und jeder Gast kann hier friedlich und fröhlich schlafen.

Sei Willkommen, lieber Wanderer und lieber Gast,
sei Willkommen, für Pause, Ruhe und Rast.
Hier findest du Liebe, Freude und Wein,
hier findest du alles, um glücklich zu sein.

Essen und Trinken wie die Götter.
Schlafen wie im Paradies.
Träumen wie im Himmel.
… und leben wie ein Engel.

Früher blüten hier zur Kirschblütenzeit,
die Felder ums Dorf weit und breit.
Heute blühen Blumen, Bäume und die Reben,
es erblühen Glück, Freude und das Leben.

Vieles kann man in dem Dörfchen hier finden und sehen:
Alte Gemäuer, Fachwerkhäuser und Gässchen begehen.
Kropsburg, Schlösschen und alte Kellerei,
Erker und Fachwerk, und auch ein Briefmarkeneck ist dabei.

Kirche, Haardtmadonna, Bildhäusel und Kappellchen.,
und Auerochsen am Waldrand und in ihrem Ställchen.
Überall findet man malerische Winkel und schmucke Ecken,
und auch die Straßen, Plätze und Höfe brauchen sich nicht zu verste-
cken.

Und wenn du glaubst, du hast alles gesehen,
so solltest du langsamer hier umhergehen.
Das alte Schulhaus? Alle Brunnen? Torbögen? Den Zimmerplatz?
An jeder Ecke findet dein Auge einen neuen Schatz.

Und suchst du die Meere findest du Reben- und Felsenmeer,
und suchst du Heimat, so findest du sie hier ebensosehr.
Hier ein Winzerhof, da eine Straußwirtschaft, dort ein Erkerhaus,
Weinstuben, Restaurants und Nachtquartiere - ein neues Zuhaus.

Leute kommen für Wein und Weinberge und das Blütenmeer,
sie gehen in den Wald, zum Schorlestumbe von überall her,
sie sehen die Lourdesgrotte und den Bibelgarten.
Häufig wird übertroffen, was sie sich erwarten.

Was wäre der Ort ohne Wein, Winzer und Reben?
Ohne Weingüter, gefüllte Keller und herbstliches Leben?
St. Martin erntet und keltert den schönsten Wein,
er scheint umfangen vom Sonnenschein zu sein.

St. Martiner Wein bringt dir Freude und Glück,
in jedem Glas schmeckst du den Himmel – Stück für Stück.
St. Martiner Wein – Rebensaft der Seligkeit,
St. Martiner Wein – hier und jetzt ein Stückchen Ewigkeit.

Ohne all dies, gäb es kein St. Martin, kein Made,
ohne all dies, wäre die Pfalz und die Welt fade.
Genieße das Dörfchen, komm nach St. Martin hinein,
es soll dein Unglück nicht, es soll dir eine Freude sein.

Pfalz

(inspiriert von den Anonymen Giddarrischde und ihrem Pfalzlied)

Woanerschder is ganz anerschder als wie do.
Des kann mer nur so seh. Awa? – Inja! - Ahjo!

Des schäinschde Fleckel Erd,
des is halt unser Palz,
des Fläckel Land wird verehrd,
vum Fuß bis zum Kopp un Hals.

Un wer do herkummd, der bleibt do,
eerbringt sei Lewe bis er is gro.
Em jedem do gfallts,
in de schäine, liewe Palz.

De Wald, die Felder un die Wingert,
mä mäant, dass do alles golden schimmert.
Ruine, Schlösser, Gärde un Burche,
un durch die Felder zieht ä Akkerfurche.

Konn kumme, was widd,
die Trauwe gehen do in die Bitt.
Un iwwerall erschalts:
Du schäine, liewi Palz.

Ä Stieck Heimat, un so schäi, des pälzer Land,
geschützt un behiet vun Gottes Hand.
Es is än Dääl vum Paradies,
gugg selwer anna, un genieß.

Wo du so gemiedlich, friedlich lebschd,
du wäschd, wie dei Heimat häßd.
Vun jedem Eckel do her hallts:
Du schäine, liewie Palz

De Rhei, de Wald, die Wingert, die Wiese un Blumepracht,
un de Herrgott gibt uff alles do acht.
Keschde, Esse, Wei, Mannelblüt un Mannelbääm,
egal wo du bischd, du wäschd, du bischd dehäm.

Du schäines Ländel, du schäiner Flecke,
an jeder Eck duschd Engelscher uffwecke.
Es is es Schäinschde, beschdenfalls,
Du schäine, liewie Palz.

Do is halt alles annerschder als annerschdwo anne,
do is halt Zeit fer zum läwe, feire un zum entspanne.
Do is halt alles annerschder als annerschdwo anne,
do wärn Fremme zu Freunde, wenn se hocken beisamme.
In de Palz is halt alles ganz annerschder - als annerschdwo anne.

Herbschde

Mir gehn herbschde,
hopp, auf, kumm.
Jetzt werd gschaffd,
bis de Buckel is krumm.

Erschd mol en Schorle vum Wei
vum ledschde Johr.
Un dann auf in die Wingertszeil,
fahr de Bulldog mol vor.

Auf geht's ans Schneide
Vun de Trauwe.
Schneid nei die Beere,
loss raus die Käwwer un Rauwe.

„Trauwe" schalt's, un hopp ab
Bis zum nägschde Stiewel,
klack, klack, klack
mach schnell voll de Kiwwel.

Bass awwer uff uf die Herling,
un loss dei Schärle danze.
Schneid ab die Edelfaule,
un geb achd uff die Rebplanze.

Gugg was Grade bringt, Echselgrade.
Je heher die sin, je besser de Wei,
als mol hilft uff besser Wedder zu wade,
s beschd is immer: Sunneschei.

Die Sunnestrahle erbschd de
Wennd schneidschd, schneid ab die Trauwe,
schneide musschd, mir dien herbschde.
Mir missen die beschde Beere abstauwe.

Vergess dei Händsching net,
schunschd babbt dir alles zamme.
Un wenn ich en Schorle hett,
hädde mer ach alles beisamme.

Do hinne werds hell,
jetzerd fahr doch emol vor.
Mir schaffen jo so schnell,
Schwing dich uff Tragdor

Es Maischekärchel is schun voll.
Do muss ma gar net so lang waade.
Ou, is der Herbschd dies Johr so toll,
Ab geht's zum Ablaade.

Un uff die Kelter muss die Brie,
abgekeltert, ab ins Fass.
Saft wird zu Wei, mir kriechens hie.
Oh, es gibt Neie, was en Spass.

Niewer-, nunnerbumbe
Spitzenjohrgang, s is en tolle,
Wei ab in de Humbe
Gute Wei gibt gude Schorle.

Trink jetzt ä Schlickel, hopp auf, kumm.
Jetzt im Glas du sicher hoschd:
Ä Stieck vum Himmel, vun de Sunn,
Zum Wohl. Die Palz. Un Proschd.

[D] Gebete und Religiöses

Kaiser Augustus erließ den Befehl in jenen Tagen,
alle Bewohner des Reiches in Steuerlisten einzutragen.
Dies geschah zum ersten Mal, man konnte es nicht fassen,
doch jeder ging in seine Stadt, um sich eintragen zu lassen.
So auch Josef von Galiläa, aus der Stadt Nazaret,
suchte in Bethlehem eine Unterkunft und Bett.
Gemeinsam mit Maria seiner Verlobten, die ein Kind erwartete.
Wie es ein Engel Maria und Josef bereits offenbarte.
Maria gebar ihren Sohn, der Erstgeborene.
Er war der kommende Friedensstifter, der Auserkorene.
Sie wickelte ihn in Windeln und legte ihn in eine Krippe hinein,
um ihn herum war von Liebe und Friede ein einzig großer Schein.
Weil in der Herberge kein Platz für sie mehr war,
geschah dies in einem Stall, ein Stern jedoch schien hell und klar.
Der Stern über Bethlehem überstrahlte das Geschehen,
und auch Ochs und Esel konnten das Jesuskind sehen.
Mond und Sterne und der Himmel waren Zeugen dieser Nacht,
und zahlreiche Englein sangen und hielten himmlische Wacht.
In jener Gegend lagerten aber auch Hirten auf freiem Feld,
und hielten Nachtwache bei ihrer Herde, still war die Welt.
Da trat der Engel des Herrn zu ihnen heran.
und der Glanz des Herrn umstrahlte sie – Mann um Mann.
Sie fürchteten sich sehr, der Engel aber sagte zu ihnen:
Ich bin gekommen, um Gott und seiner Liebe zu dienen.
Fürchtet euch nicht, denn ich verkünde euch eine große Freude,
die dem ganzen Volk zuteil werden soll, heute.
Heute ist euch in der Stadt Davids der Retter geboren;
er ist der Messias, der Herr. Ihr seid nicht mehr verloren.
Und das soll euch als Zeichen dienen:
Gott ist in Jesus, einem Kindlein, der Welt heute erschienen.
Ihr werdet ein Kind finden, das, gewickelt in Windeln, - in einer Krippe
liegt.
Dort hat Gott und Jesus das Böse und das Übel der ganzen Welt be-
siegt.

Und plötzlich war bei dem Engel ein großes himmlisches Heer,
das Gott lobte und sprach heraus aus dem Himmel und Wolkenmeer:
Verherrlicht ist Gott in der Höhe und auf Erden ist Friede,
Freiheit, Glück, Heil, Seligkeit und keine Unterschiede
bei den Menschen seiner Gnade.
So gehe jeder seiner Pfade.
Als die Engel die Hirten verlassen hatten,
lag die Weide wieder im dunklen Schatten.
Die Engel waren in den Himmel zurückgekehrt,
nachdem sie die Hirten hatten erfreut und belehrt.
So sagten die Hirten zueinander: Kommt, wir gehen nach Betlehem,
um das Ereignis und die Geburt zu sehn,
das uns der Herr verkünden ließ.
Durch seine Engel aus dem Paradies.
So eilten sie hin und fanden Maria und Josef und das Kind,
das in der Krippe lag, ganz geschwind.
Als sie es sahen, erzählten sie, was ihnen über dieses Kind gesagt worden war.
Und alle, die es hörten, staunten über die Worte der Hirten, so wunderbar.
Die Hirten kehrten zu ihrer Herde zurück,
rühmten Gott und priesen ihn für das gesehene Glück.
So sei Frieden den Menschen; Gnade, Güte und Liebe sei allen gegeben.
So sei Freude uns allen; schenken wir Glück und Seligkeit allen im Leben.
Freut euch und frohlocket, Jesus ist geboren, der Retter und Heiland ist da.
Liebet einander, nicht nur zu Weihnachten, sondern liebt und seid friedvoll das ganze Jahr.
So schütze uns Gott mit seinem Segen.
Und so bleibe bei uns, Gott, auf all unsren Wegen.

Der Zweifler Thomas (Betrachtung über Joh 20,24-29)

Ich zweifle an dir:
Bist du wirklich auferstanden?
Du bist nicht bei mir,
mein Glaube kam abhanden.

Vertrauen ist mehr als sehen,
Glauben ist mehr als verstehen,
Lass uns den Weg gemeinsam gehen,
denn nur wer glaubt, kann auch auferstehen.

Selig sind die Zweifler, die hinterfragen.
Selig sind die Zweifler, die dann Neues wagen.
Selig sind, die die Rationalität entstauben.
Selig sind, die nicht sehen und doch glauben.

Mit zitternder Hand

Mit zitternder Hand, Herr, rufe ich zu dir:
Erhöre meine Bitten.
Mit zitternder Hand, Herr, aus tiefer Seele,
die so sehr hat gelitten.

Lenke du, Herr, meine Wege,
Lenke du, Herr, all mein Tun,
Lenke, Herr, mich, pflege
mich im Gestern, Morgen, Jetzt und Nun.

Vertreibe meine Angst, vertreibe mein Bangen,
Lass deine Hoffnung, deine Herzenswärme mich umfangen,
Gib du mir Kraft, gib du mir Mut,
Geduld, Zuversicht und Freude, all das sei mein Hab und Gut.

Sei du bei mir, Herr, sei mir mein Gefährte,
Sei du bei mir, Herr, du, der mich treu ernährte,
Deine Nahrung, die ist Liebe und Güte,
Deine Hand, Herr, mich allezeit behüte.

In deiner Hand, da liegt mein Leben,
In deiner Hand, da liegt meine Zeit,
Meine Seele will immer zu dir streben,
Nimm du sie auf, wenn es soweit.

Mit zitternder Hand, Herr, erhöre mein Flehen,
Lass deinen Geist an meiner Seite walten und wehen,
Mit zitternder Hand, Herr, und voller Zuversicht,
sehe ich zu Dir, du in der Dunkelheit mein Licht.

Ich will ein Segen sein

Herr, mein Gott, ich will ein Segen sein.
Ich will ander'n zeigen: Du bist nicht allein.
Ich will ander'n Freude geben.
Ich will Glaube, Hoffnung, Liebe leben.

Ich will ein Segen sein.
In Stunden, Tagen, Wochen, jahraus - jahrein.
Ich will ein Segen sein.
Gib du mir, Herr, dazu deine Kraft und deinen Schein.

Segne alle, die mich segnen.
Segne alle, die in Frieden sich bewegen.
Vergib all denen, die mich verfluchen.
Lasse alle dich finden, die dich suchen.

Ich will ein Segen sein.
Ich will lindern Schmerz, Kummer und Pein.
Ich will ein Segen sein.
Lass mich Güte geben in die Welt hinein.

Alle Geschlechter der Erde sollen Segen erlangen.
Alle Geschlechter der Erde sollen zu Harmonie gelangen.
Alle Geschlechter der Erde sollen nach Sanftmut und Eintracht streben.
Alle Geschlechter der Erde sollen gemeinsam friedlich leben.

Ich will ein Segen sein.
Ich will in der Dunkelheit scheinen als Lichtelein.
Herr, du weißt, ich bin dein.
Herr, lass mich dein Segen sein.

Mein Schicksal liegt in deinen Händen

Herr, mein Gott, mein Schicksal liegt in deinen Händen,
Nur du, oh Herr, kannst es zum Guten wenden.
Mein Schicksal und mein Leben gehören dir allein,
Alles soll zuhause und bei dir allzeit geborgen sein.

Meine Zeit liegt in deinen Händen,
Du, oh Herr, mögest darin Freude spenden.
Meine Zeit soll sinnvoll und sinngebend sich entfalten,
Denn in dieser Welt will ich schicksalhaft leben und walten.

Mein Schicksal liegt in deinen Händen,
Lass deinen Segen sich zu mir entsenden.
Du, oh Herr, hast mir mein Leben und mir Freude gegeben,
So will ich mit deiner Kraft und in deiner Liebe leben.

Mein Leben liegt in deinen Händen,
Nur du, oh Herr, kannst es beginnen und beenden.
Mein Dasein und deine Liebe sind deine Geschenke,
Herr, mein Gott, steuere mein Schicksal, mein Leben lenke.

Herr, mein Gott, mein Schicksal liegt in deinen Händen,
Du bestimme es allhier und allerenden.
Herr, mein Gott, mein Schicksal liegt in deinen Händen,
Lasse deinen Segen, deine Liebe, deine Hoffnung sich mir zuwenden.

Ich zeige dir jetzt noch einen anderen deiner Wege,
einen, der alles übersteigt:
Wenn ich in den Sprachen der Menschen und Engel zu reden pflege,
hätte aber - die Liebe - nicht, die sich zum Himmel neigt,
wäre ich dröhnendes Erz oder eine lärmende Pauke.
Und wenn ich prophetisch reden könnte,
und alle Geheimnisse wüsste und jedes Klamauke,
und alle Erkenntnis hätte und gewönnte,
wenn ich alle Glaubenskraft besäße,
und Berge damit versetzen würde,
ich die Liebe aber vergäße,
wäre ich nichts, nur eine Hürde.
Und wenn ich meine ganze Habe verschenkte,
und wenn mein Leib über dem Feuer schwenkte,
hätte aber die Liebe nicht, nützte es mir nichts.
Ich sähe keinen Regenbogen im Widerschein des Sonnenlichts.
Die Liebe ist langmütig;
Sie ereifert sich nicht, sie prahlt nicht.
Die Liebe ist gütig;
Sie bläht sich nicht auf, verleiht sich selbst kein Gewicht.
Die Liebe handelt nicht ungehörig,
sucht nicht ihren Vorteil;
Sie singt wie eine Stimme einchörig;
Die Liebe schenkt Heil.
Sie lässt sich nicht zum Zorn reizen,
trägt das Böse nicht nach.
Die Liebe wird nie mit Gnade und Huld geizen;
Die Liebe ist schön, wo immer sie spricht und sprach.
Sie freut sich nicht über das Unrecht,
sondern freut sich an der Wahrheit.
Die Liebe ist bezaubernd, sie ist gerecht.
Sie zeigt im Entzücken die himmlische Klarheit.
Die Liebe erträgt alles, glaubt alles, hofft alles;
Sie erscheint uns als Sonne, Mond und Sterne

in den Weiten des Weltalles.
Die Liebe hält allem stand.
Die Liebe hört niemals auf.
Die Liebe reicht dir die beschützende Hand.
Die Liebe steigt bis zum Himmel hinauf.
Prophetisches Reden hat ein Ende,
Zungenrede verstummt, Erkenntnis vergeht.
Und wenn gar alles verschwände -
aber die Liebe besteht.
Denn Stückwerk ist unser Erkennen,
Stückwerk unser prophetisches Reden;
Wenn die Liebe und die Glut des Herzens aber entbrennen,
dann wäre das eine Teilhabe am Garten Eden.
Wenn aber das Vollendete kommen wird,
vergeht alles Stückwerk.
Die Liebe erscheint dann unbeirrt,
auf die Liebe richten wir dann unser Augenmerk.
Als ich ein Kind war, redete ich wie ein Kind,
dachte wie ein Kind und urteilte wie ein Kind.
Ich dachte, ich wüsste, wie ich die Liebe find'.
Als ich ein Mann wurde, legte ich ab, was Kind an mir war.
Ich schaute das Andere, ich schaute zu klar.
Jetzt schauen wir in einen Spiegel,
und sehen nur rätselhafte Umrisse.
Wir öffnen von unser'm Herz einen Riegel,
und erlangen neue Erkenntnisse.
Denn dann schauen wir von Angesicht zu Angesicht.
Neues wird uns dann zuteil,
wir erlangen barmherzige Zuversicht.
und die Liebe ist in uns allweil.
Jetzt erkenne ich unvollkommen,
dann aber werde ich durch und durch erkennen.
Bis jetzt ist mir die Ewigkeit genommen,
dann werde ich aber in ihr leben und sie benennen.
Ich erkenne, so wie ich auch durch und durch erkannt worden bin.
Ich ergebe mich in dir, ich ergebe mich dahin.
Glauben, Hoffen, Lieben -

diese Worte sind in mein Herz, in meine Seele geschrieben.
Für jetzt bleiben Glaube, Hoffnung, Liebe, diese drei;
doch am größten unter ihnen ist das Schönste - ist die Liebe - dabei.

Gott schenkt mir Schutz

Wo immer ich bin, Gott ist bei mir.
Wer mir auch schadet, Gott wird es richten.
Wann immer ich trauere, Gott tröstet mich.
Was auch geschieht, Gott lindert mein Leid.

Wo ich auch gehe, Gott ist an meiner Seite.
Wessen Leben ich auch störe, Gott wird es schützen.
Wenn ich auch zweifle, Gott steht mir bei.
Welche Sünden ich auch mache, Gott wird sie bereinigen.

Wohin ich mich auch wende, Gott ist da.
Wen und was ich auch hasse, Gott sieht es mir nach.
Wie oft ich auch verzage, Gott schenkt mir seine Gnade.
Wofür ich auch büße, Gott will es verzeihen.

Was auch immer geschieht, Gott wird mich erretten.
Wem ich auch schade, Gott will es vergeben.
Worauf ich auch baue, Gott ist mein Fundament.
Wie die Geschichte auch endet, Gott wendet es zum Guten.

Gott schenkt mir Schutz, Schutz schenkt mir Gott.

In deine Hände befehle ich meinen Geist

Herr, in deine Hände lege ich meinen Geist.
Nur du allein weißt, was das heißt.
Mein Gott, in deine Hände befehle ich meinen Geist,
der du mich, der du meine Seele hast gespeist.

Es ist vollendet, es ist vollbracht.
Wie oft hab ich diesem Ende gedacht.
In deine Hände lege ich mein ganzes Sein,
denn du kennst mich, du weißt: ich bin dein.

So schmerzlich war alles, so schmerzlich war mein Leben.
Ich hab es dir, ich hab es an deine Gnade, an dein Gericht gegeben.
In deine Hände befehle ich meinen Geist.
Ist mein Dasein deiner Verfügung entgleist?

Meine Fehler, meine Schuld magst du vergeben.
Herr, in deine Hände lege ich mein Sein, mein Leben.
In deine Hände lege ich meinen Geist,
weil du mir Geborgenheit und Freude verheißt.

Mein Gott, mein Gott, warum hast du mich verlassen?
Mein Gott, mein Gott, ich kann es nicht fassen.
Mein Gott, kannst du mir verzeihen?
Mein Gott, mögest du mich befreien.

Herr, mein Gott, in deine Hände befehle ich meinen Geist,
weil du mich von Sünde, Schuld und irdischen Dingen befreist.
Herr, mein Gott, in deine Hände lege ich meinen Geist,
weil du mir deine Liebe prophezeist.

Herr, mein Gott, in deine Hände befehle ich meinen Geist,
weil mein Vertrauen auf dich verweist.
Weil du mich mit Glaube, Liebe und Hoffnung speist:
Herr, mein Gott, in deine Hände lege ich meinen Geist.

Ich bin der Weinstock, ihr seid die Reben.
Ich bin der Weg, die Wahrheit und das Leben.
Ich bin das Licht der Welt,
das die Erde und alles Leben erhellt.
Ich bin das Brot des Lebens,
an mich glauben ist nicht vergebens.
Ich bin die Tür,
wer durch mich hineingeht, hat Erfüllung für und für.
Ich bin der gute Hirte,
der die Herde heimführt, auch Verirrte,
denn ich kenne die Meinen und die Meinen kennen mich,
die Sünder zu rufen und nicht die Gerechten, bin gekommen ich.
Ich bin die Auferstehung und das Leben.
Am Kreuze habe ich mich für die Sünden hingegeben.
Ich bin in die Welt gekommen als ein Licht,
und werde dein Beistand sein im letzten Gericht.
Ich bin der wahre Weinstock und mein Vater der Weinbauer,
im Glauben zu mir überstehst du Leiden und Trauer.
Ich bin nicht allein,
denn mit dir, werde ich, der Vater und der Heilige Geist sein.
Ich bin nicht von dieser Welt,
mein Zuhause ist überall - und im Himmelszelt.
Wo zwei oder drei in meinem Namen versammelt sind, da bin ich mitten unter ihnen.
Ich bin gekommen, nicht um zu herrschen, sondern um zu dienen.
Ich bin Jesus. Ich bin hier.
Ich bin Jesus. Ich bin bei dir.

Möge die Straße, dass wir uns wieder begegnen,
Und der Wind immer in deinem Rücken sein.
Möge Gott dich und deine Wege segnen,
Und dir in der Dunkelheit erscheine ein Lichtelein.

Möge die Sonne warm auf dein Gesicht scheinen,
Und der Regen sanft auf deine Felder regnen.
Mögest du viel lachen und selten weinen,
Und andere dir nur Gutes entgegnen.

Und wenn ich dir was wünsche,
dann ist es Freude und Glück.
Und wenn ich für dich bitte,
dann für dich vom Himmel ein Stück.

Ein Stück des Himmels, ein Stück vom Paradies.
Ein Stück Liebe, ein gemeinsames Stück Leben.
Ein Stück als Teil von mir für dich.
Ein Stück von der Ewigkeit, will ich dir geben.

Im Leben geht es nicht darum, dass das Alte für immer besteht.
Im Leben geht es nicht darum, zu warten, bis der Sturm vorbeigeht.
Sondern darum, zu lernen im Regen zu singen und zu tanzen.
Sondern darum, auch wenns kein Morgen gäbe, ein Bäumchen zu
pflanzen.

Sei du ehrlich und dein Herz sei rein.
Und suche dein Glück nicht nur allein.
Träume seien immer dein Antrieb
Und habe alle Menschen lieb.

Der Mond und die Sterne scheine hell auf dein Gesicht.
Unglück, Pech und Hass begegne dir nicht.
Liebe, Glück und Freude begleite dich und möge bei dir sein.

Und sei für andere eine Freude, sei für sie ein Sonnenschein.

Und bis wir uns wieder sehen
Möge nicht zuviel Zeit vergehen.
Mögen deine Einfälle dir nützen,
Und Gott dich mit seinen Händen beschützen.

Ein erfülltes, freudvolles, glückliches Leben.
Friede, Liebe – sollst du schenken und geben.
Friede, Liebe – überall und hier.
Das alles und noch viel mehr wünsche ich dir.

Der Herr segne dich und behüte dich

Der Herr segne dich und behüte dich.
Der Herr lasse dich nicht allein und im Stich.
Der Herr wende sein Angesicht dir zu und schenke dir Heil.
Der Herr schütze dich immerzu, alleweil.

Gott segne dich und schenke dir gedeihliches Wetter.
Er schenke dir Freunde und mache alles nett und netter.
Er halte Blitz, Hagel und jedes Unheil von dir fern.
Er achte darauf, dass überall wo du bist, man dich habe gern.

Der Herr segne die Felder, die Weinberge, die Gärten und den Wald
Er gebe dir Wärme bei Kälte und bei Hitze, mache er Kühle und kalt.
Der Herr schenke dir die Früchte der Erde.
Und mache, dass Friede allüberall werde.

Der Herr begleite deine Arbeit,
jetzt, immerdar und allezeit.
damit du in Dankbarkeit und Freude gebrauchst,
was durch die Kräfte der Natur und die Mühe des Menschen gewachsen
und geworden ist.
Das alles segne, behüte, mache und schenke der Herr,
der dir zeigt, wohin du gehst
und wer du bist.

Der Herr schütze dich mit seinen Händen,
Und du sei die helfende Hand für andere.

Der Herr schenke dir Freude zu aller Zeit,
Und du sei in schwierigen Zeiten eine Freundin.

Der Herr schenke dir Glück auf deinem Weg,
Und du sei eine glücksbringende Gefährtin.

Der Herr gebe dir ein Engel, der dich begleitet,
Und du sei eine tröstende Begleitung in traurigen Momenten.

Der Herr werfe seinen Blick auf dich und gebe auf dich acht,
Und du sei ein Lächeln in unglücklichen Augenblicken.

Der Herr gebe dir Freunde mit auf den Pfad deines Lebens,
Und du sei eine Freundin, die Vertrauen schenkt.

Der Herr schenke dir Wärme in kalten Stunden,
Und du sei eine Herzlichkeit bei allen Gelegenheiten.

Der Herr sei dir Würze im Leben,
Und du sei das Salz in der Suppe.

Der Herr sei dir ein Licht in der Finsternis,
Und du sei eine Kerze in der Dunkelheit.

Der Herr segne dich,
Und du sei ein Segen.

Mögest du auf deinen Wegen deine Ziele erreichen,
Und mögest du dem Unglück ausweichen.

Möge deine Reise sei durch Mut angetrieben,
Und mögest du lachen, dich freuen und lieben.

Möge dein Leben eine Freude sein,
Und mögest du Freunde haben, sei nicht allein.

Möge dein Lächeln dir Türen und Herzen nicht verschließen,
Und möge dein Herz sich in Wonne ergießen.

Mögen deine Taten Neues und Gutes entstehen lassen,
Und mögest du lieben und nicht hassen.

Mögen deine Gedanken Wunder denken,
Und mögest du anderen Vergnügen schenken.

Möge deine Seele zufrieden leben,
Und mögest du Erbarmen deinem Feinde geben.

Mögest du glücklich deine Pfade beschreiten,
Und mögest du niemals Trauer erleiden.

Möge der Teufel dich und du die Hölle vergessen,
Und mögest du von Fortuna und Seligkeit seist besessen.

Möge deine Liebe dich leiten,
Und möge Glück und Frohsinn dich begleiten.

Gehe so über alle deine Pfade der Sonne entgegen,
Das wünsche ich dir – und Gottes Segen.

Sei wie die Sonne
… strahle, lächle und bringe Licht und Wonne.

Sei wie der Mond
… leuchte wie er dem Himmel innewohnt.

Sei wie die Sterne
… erhelle die Nacht und lache oft und gerne.

Sei wie der Regen
… bringe Leben und Segen.

Sei wie der Wind
… bringe Schwung und Frische geschwind.

Sei wie bei der Schnecke das Schneckenhaus
… trage deine Heimat mit dir in die Welt hinaus.

Sei wie eine Blume
… sei bunt und vergebe, bei einem Irrtume.

Sei wie ein Kleeblatt
… bringe Glück, sei lebensfroh und nicht matt.

Sei wie ein Engel
… frohlocke und freue dich ohne Gequengel.

Sei wie du selbst
… damit du Freude und Glück erhältst.

Sei du selbst
… damit du die Welt erhellst.

Glaube, Liebe, Hoffnung

Glaube, Hoffnung, Liebe - diese drei -
sind in meiner Seele gar zweifelsfrei.

Glaube, Liebe, Hoffnung fehlen darf keines,
weil im Leben und Tod zählt nur eines:
zu glauben, zu hoffen und zu lieben.
So sei es in mein Herz geschrieben.

Und wenn ich auch zweifle, mein Glaube hält stand.
Ich glaube, wir sind geliebt in Gottes Hand.

Glaube kann mit Hoffnung und Liebe alles zum Guten wenden.
Aber nur wer Glaube hat, kann Glauben spenden.

Und spendest du Glaube, so schickst du Veränderung.
Denn der Glaube schenkt Hoffnung.

Und wenn ich auch zweifle, meine Hoffnung hält stand.
Ich hoffe, wir sind geliebt in Gottes Hand.

So dürfen wir hoffen auf Liebe – ohne Bedenken.
Denn nur wer Hoffnung hat, kann Hoffnung schenken.

Sei beruhigt, wenn die Hoffnung bei dir bliebe.
Denn die Hoffnung schenkt Liebe.

Und wenn ich auch zweifle, meine Liebe hält stand.
Ich spüre, ich weiß, wir sind geliebt in Gottes Hand.

Und so will ich Liebe allezeit leben.
Denn nur wer Liebe hat, kann Liebe geben.

Eine Liebe, die glaubt.
Eine Liebe, die hofft.

Eine Liebe, die liebt.

Liebe, Hoffnung, Glaube leben.
Verzeihen, barmherzig sein und vergeben.

Glaube, Liebe, Hoffnung - erfüllen und vollbringen.
Glaube, Liebe, Hoffnung - in allen Taten und Dingen.

[8] Zugabe

Mademer Lied

(Text: trad.)

Ja, mir sin Mademer, mir hänn schun viel erlebt,
mir warn mit 7 Johr schun in de Fremd.
Do hämmer Witz gekloppt, un hänn die Leid beschiss,
un wann`s ums Zahle ging, do war mer fremd.

Nä, nä, des du mer net, aus Made geh mer net,
bis dass de Sensemann durchs Dorf marschiert.
Nä, nä, des du mer net, aus Made geh mer net,
bis dass de Sensemann durchs Dorf marschiert. Ole.

Die Kärrweilerer sin gemiedlich, die fahren mit de Schees,
de ähne Gaul is lahm, de anner is nerves.
De Kutscher, der is bucklich, die Räder, die sin krumm,
un alle 5 Minude do bockd de Karre um.

Nä, nä, des du mer net, aus Made geh mer net,
bis dass de Sensemann durchs Dorf marschiert.
Nä, nä, des du mer net, aus Made geh mer net,
bis dass de Sensemann durchs Dorf marschiert. Ole.

KAB-Lied

(Text: trad.)

Mir sin die K-A-B, K-A-B Musikband,
die ein jeder kennt, auf der Welt.
Mir sin die K-A-B, K-A-B Musikband,
die ein jeder hier kennt, auf der Welt.

Mir trinken sieße, saure Schorle,

un machen, was mir wolle,
auf dieser schönen Welt.
Mir trinken sieße, saure Schorle,
un machen, was mir wolle,
solang es uns gefällt...

Ja wer simmer dann?
Mir sin die K-A-B, K-A-B Musikband,
die ein jeder kennt, auf der Welt.
Mir sin de K-A-B, K-A-B Musikband,
die ein jedermann kennt, auf der Welt.

Mir liewen blonde, schwarze Fraue,
un lossen uns net haue,
auf dieser schönen Welt.
Mir liewen blonde, schwarze Fraue,
un lossen uns net haue,
so wie es uns gefällt.

Mir sin die K-A-B, K-A-B Musikband,
die ein jeder kennt, auf der Welt.
Mir sin die K-A-B, K-A-B Musikband,
die ein jeder kennt, auf der Welt.

Weinlitanei

(Text: trad.)

Hlg. Riesling	- bring uns den Wein
Hlg. Malenga	- bring uns den Wein
Hlg. Kanzler	- bring uns den Wein
Hlg. Müller-Thurgau	- bring uns den Wein
Hlg. Silvaner	- bring uns den Wein
Hlg. Scheurebe	- bring uns den Wein

Hlg. Kerner   - bring uns den Wein
Hlg. Ehrenfelser   - bring uns den Wein
Hlg. Gewürztraminer - bring uns den Wein
Hlg. Sauvignon blanc - bring uns den Wein
Hlg. Weißherbst   - bring uns den Wein
Hlg. Dornfelder   - bring uns den Wein
Hlg. Regent   - bring uns den Wein
Hlg. Portugieser   - bring uns den Wein
Hlg. Grauburgunder   - bring uns den Wein
Hlg. Weißburgunder halbtrocken - bring uns den Wein
Hlg. Weißburgunder trocken   - bring uns den Wein
Hlg. Weißburgunder forztrocken - bring uns den Wein

Hlg. Festschoppenschorle   - lösch uns den Durst
Hlg. Rieslingschorle   - lösch uns den Durst
Hlg. Abgespritzter   - lösch uns den Durst
Hlg. Schoppen und Purer   - lösch uns den Durst
Hlg. Cola Weiß   - lösch uns den Durst
Hlg. Cola Rot   - lösch uns den Durst
Hlg. Cola Weißherbst   - lösch uns den Durst
Hlg. Gäßeschorle und Pärsching - lösch uns den Durst
Ihr Hlg. Saure und Süße Schorle - löscht uns den Durst

Oh, ihr Guts- und Ortsweine   – ich trink dich aus.
Oh, du Erste Lage, große Lage und großes Gewächs. – ich trink dich aus.
Oh, du Landwein   – ich trink dich aus.
Oh, du Qualitätswein mit Prädikat – ich trink dich aus
Oh, du Kabinett   – ich trink dich aus.
Oh, du Spätlese   – ich trink dich aus.
Oh, du Auslese   – ich trink dich aus.
Oh, du Beerenauslese   – ich trink dich aus.
Oh, du Trockenbeerenauslese   – ich trink dich aus.
Oh, du Eiswein   – ich zuzell dich aus.

(Im Folgenden werden Mademer Gemarkungen/Weinlagen genannt)
Waren ihr schun ämol im Forschd   - iwwerall, bloß dort noch net

Waren ihr schun ämol in de Hub   - iwwerall, bloß dort noch net
Waren ihr schun ämol im Steidich   - iwwerall, bloß dort noch net
Waren ihr schun ämol im Heckesteidich- iwwerall, bloß dort noch net
Waren ihr schun ämol im Emsenacker   - iwwerall, bloß dort noch net
Waren ihr schun ämol im Grawedääl   - iwwerall, bloß dort noch net
Waren ihr schun ämol im Hasepaad   - iwwerall, bloß dort noch net
Waren ihr schun ämol im 1. Hädewech   - iwwerall, bloß dort noch net
Waren ihr schun ämol im 2. Hädewech   - iwwerall, bloß dort noch net
Waren ihr schun ämol im 3. Hädewech   - iwwerall, bloß dort noch net
Waren ihr schun ämol in de Haardtwies - iwwerall, bloß dort noch net
Waren ihr schun ämol im Marktbach   - iwwerall, bloß dort noch net
Waren ihr schun ämol im Etschprinnel - iwwerall, bloß dort noch net
Waren ihr schun ämol im Brädenacker   - iwwerall, bloß dort noch net
Waren ihr schun ämol im Zehmorche   - iwwerall, bloß dort noch net
Waren ihr schun ämol im Spelweld   - iwwerall, bloß dort noch net
Waren ihr schun ämol im Perdstrappe   - iwwerall, bloß dort noch net
Waren ihr schun ämol links newerm Keschdebusch- iwwerall, bloß dort
noch net
Waren ihr schun ämol jemals hart schaffe?

Lied des traurigen Kerwegängers

(nach der Melodie: Sloop John B.)

Die Schorle in unserm Kopp, die Fraue, ach die fett, grob,
mir hänn devu die Schnauze voll, weil die Kerwe is aus.
Die Kerwe is aus, mir missen noch Haus.
Wir haben die Schnauze voll, weil die Kerwe is aus.

Des Trinke, Saufe, Dischbediere,
die Schorle un de Schnaps runnerstärze un zammeriere.
Mir hänn devu die Schnauze voll, weil die Kerwe is aus.
Die Kerwe is aus, mir hänn jetzt faschd ä Johr Paus.
Wir haben die Schnauze voll, weil die Kerwe is aus.

Des Bussiere un die ganze Skandale,
des im Chausseegrawe lieche un die Randale.
Mir hänn devu die Schnauze voll, weil die Kerwe is aus.
Die Kerwe is aus, ah, ei der daus.
Wir haben die Schnauze voll, weil die Kerwe is aus.

Mir sehn uns nägschd Johr widder,
ob Freund, Tourist oder bis dorthie ach ä paar neie Midder.
Mir hänn devu die Schnauze voll, weil die Kerwe is aus.
Die Kerwe is aus, mir missen noch Haus.
Wir haben die Schnauze voll, weil die Kerwe is aus.

Änner hämmer schun…

(Text: trad.)

Änner hämmer schun,
zwä kriech 'mer noch,
drei kennen mir vertrache,
un wann der Vierte ach noch schmeckd,
dann werd der Fünfde ausgeleckd,
änner hämmer schun,
zwä kriech 'mer noch,
drei kennen mir vertrache.

(Mir hänn noch Geld im Sack, mir gehn noch gar net hääm,
mir hänn noch Geld im Sack, mir gehen noch lang net hääm…

Mir trinken nur wann's nix koschd, mir trinken nur wann's nix koschd,
ja, wenn des sou äsch, ja, wenn des sou äsch, ja, wenn des sou äsch,
dann: Proschd!)

So schön ist die Pfalz

(nach der Melodie: Heimweh)

So schön, schön ist die Pfalz.

Pälzer Wald un Riesefass:
Überall hat man viel Spaß.
Viele Feste - an de Weistroß,
Bei dir is - immer was los:
Die Pfalz - ein echtes Paradies.

Dort wo die Reben blühn,
dort wo mir Schorle glühn,
da ist mein liebstes Zuhause.
Wo ich die Liebe find,
bleib ich mit dir mein Kind,
wie schön ist unsere Pfalz.
So schön, schön ist die Pfalz.

Viele Jahre gibt es schon,
Hambacher Schloss un Speyrer Dom.
Kropsburch, Kropsbach,
Wei genieße, de ganze Dach,
alles is so schön, so schön.

Und seh ich die pfälzer Sterne,
will ich niemals in die Ferne.
Ob hier, Ob da,
überall ganz wunderbar.
Oh, wie schön ist doch die Pfalz.

Zieh ä Fläschl uff

(nach der Melodie: Affentittengeiler Song)

Sieger, Kanzler un Rulänner,
Weißwei' machen alles schänner,
Dornfelder, Syrah, Merlot,
hobb, hol raus des Zeich.

Schorle sieß un Schorle sauer,
kumm, geh fort mir wärn eh blauer,
Lidderwei des gehd gud nei,
mach de Schobbe voll.

Cola Weißherbst, Cola Rot,
do wärrn selbschd die Flieche dod,
Cola-Weiß, Getränk der Götter,
schmeckt net – sachen nur die Spötter.

Zieh ä Fläschl uff,
un mir trinken Schorle,
weil mir sunschd nix wolle,
Zieh ä Fläschl uff,
un mir trinken Wei,
…schidden efach nei…

Egal ob lieblich oder trocke,
nur en Korkgschmack konn uns schocke,
un gibt es en gudde Trobbe,
kann uns känner nimmi stobbe.

Rosé – olé tatütata,
Müller-Thurgau wunderbar,
immer heller – Muskateller,
was än gude Stoff.

Gewürtraminer – net zu tobbe,

was wärd sei – ab in de Schobbe,
un gleich wär mer widder munder,
es gibt Spät-, Grau-, Weißburgunder.

Laurent, Morio-Muskat,
mir sin uns für nix zu schad,
Herold, Regent, Chardonnay,
mit eich werd de Owend schää.

Ortega, Huxel, Auxxerois,
morche sin mer nimmi da,
Rieselaner, Portugieser,
mir sin echde Weigenießer.

Riesling, Scheureb un Silvaner,
Kerner, Müller un Rivaner,
ohne jeglichen Fehlton,
mir nippen net, mir wrogsen schon.

Fast wie Westerland

(nach der Melodie: Westerland)

Jeden Tag fahr ich nach Baden, - oh näääääää
uff die Ärwet noch Karlsruh,
ja, es losst sich net verhinnre, - oh nääääääää
bloss dort fin ich gar kä Ruh!
Diese eine Liebe wird nie zuende geh'n!
Wann werd ich sie wiedersehen?

Manchmal schließe ich die Augen, - uuuuuuuuhh
Stell' mir vor das Rebenmeer.
Dann denk' ich an diese Gegend, - uuuuuuuuuuhh
Und mein Herz das wird so schwer!

Diese eine Liebe wird nie zuende geh'n!
Wann werd ich sie wiedersehen?

Oh, ich hab' solche Sehnsucht,
Ich verliere den Verstand!
Ich will wieder an die Weistroß, ohohoh,
Ich will zurück ins Pälzer Land!

Wie oft stand ich auf der Rheinbrück, - oh nääääääääää
Wie oft stand ich schon im Stau?
Es geht net vorwärts un net zurück, - oh nääääääääää
Ja, des wünscht ma kennre Sau!
Diese eine Liebe wird nie zuende geh'n!
Wann werd ich sie wiedersehen?

Und fahr ich etwas weiter,
dann wär ich gern stark bezecht,
denn dann bin ich in dem Saarland.
Mir wird jetzt ja schon ganz schlecht,

Jenseits der Bahgleis

(nach der Melodie: Jenseits von Eden)

Un wenn de Wei nimmi schmeckd wie en Wei,
dann bischd du jenseits der Bahgleis.
Wenn selbschd mit Schraubverschluss der Wei schmeckd wie Kork,
dann bischd du jenseits der Bahgleis.

Dann muschd du immer Richdung Berg.

Wann der Winzer nur noch Essig verkaafd,
dann bischd du jenseits der Bahgleis.
Wenn selbschd en Pälzer liewer Wasser trinkt,

240

dann bischd du jenseits der Bahgleis.

Dann muschd du immer Richdung Berg.

Wenn selbschd de Müller schmeckd wie'd Kläärahlach riechd,
dann bischd du jenseits der Bahgleis.

Loss uns bei jedem Schluck den Wei erspiere,
un uns niemols schlechdie Brie ahriehre,
fa gude Wei zahle mer ach gern gudes Geld,
un in Maade do finschd, de beschde Wei der Weld.

Wenn faschd jeder Wei einen Fehlton hot,
dann bischd du jenseits der Bahgleis.
Wenn selbst ä Spätlääs dir gar net so schmeckd,
hilfd nur noch bede in de Kerch,
Dann muschd du immer Richdung Berch.

Ich will mit dir en neie Weigschmack spiere,
un dein Gaume un Mache verziecke un beriehre.
Irgendwann muß ach ich häämgeh
un dann will ich sache: Der Wei war scheeeh.

Wann selbschd die Edigedde hässlich sin,
dann bischd du jenseits der Bahgleis.
Wenn die Winzer sich ahstellen,
dabbich, un iwwerzwerch.
Dann muschd du immer Richdung Berch.

Wann selbschd en Riesling schmeckd wie en Miller,
dann bischd du jenseits der Bahgleis.
Wenn der Wei kä hohi Kunschd is,
sondern nur äfaches Winzerhandwerch.
Dann muschd du immer Richdung Berch.

Winzer, deine Heimat ist das Rebenmeer

(nach der Melodie: Seemann, deine Heimat...)

Trinket, trinket Schorle.
Trinket, trinket aus.
Trinket, Wein und Wasser.
Trinket, Madmer Wein.

Winzer, lass das Träumen,
denk' doch an Zuhaus.
Winzer, Wein und Wingert,
rufen dich hinaus:

Deine Heimat ist das Rebenmeer,
deine Freunde sind die Weine,
Riesling, Herold, Chardonnay,
oder Morio – wie schää.
Deine Liebe ist dein Fendt,
deine Sehnsucht sind die Felder,
und nur ihnen bist du treu,
dein Leben lang.

Winzer, lass das Träumen,
denk doch an die Reb,
Winzer, Wein un Wingert,
's ward schun Bulldogg un 's Lääb.

Winzer, lass das Träumen,
denk doch an de Wei,
Winzer, oh, dei Spätlääs,
kann net schäiner sei.

Ich will Riesling

(nach der Melodie: I am sailing)

Ich will Riesling, ich will Riesling,
schenk mer ei, madmer Wei,
ich will Riesling, ich will Riesling,
was konn schunschd noch besser sei.

Ich will Schorle, Weischorle,
Cola-Weißherbst, Cola-Rot,
Ich will Schorle, Cola-Weiß,
Schobbe voll – is es Gebot.

Her mol hie, her mol hie,
duschd mich heere, in deim Oooohr?
Ich will tringe, de Wei muss klinge,
wie ä schäi Liedl- des is wooohr.

'S geht nix mehr

(nach der Melodie: An der Nordseeküste / the wild Rover)

Die Schoppe am Disch, die sin jetzerd leer,
un de Kopp uffem Hals, der werd alleweil schwer.

Die Flasche, ach die gehen langsam zu end,
un ich wäß ach selbschd nimmi, wieviel ich noch kennd.

Un ich glaab, 's geht nix mehr – 's geht nix mehr mehr nei,
's wär jo so arch schaad – um den pälzer Wei.

Ä Fläschl Müller machd de Winzer noch raus,

un ach de Weißherbschd is noch lange nit aus.

'S gibt noch Landwei un Gutswei un ä großes Gewächs,
so viel schäine Weine – ich bin jo ganz schä perplex.

Un ich glaab, 's geht nix mehr – 's geht nix mehr mehr nei,
's wär jo so arch schaad – um den pälzer Wei.

So langsam fass ich beim Trinke wieder mein Mut,
die pälzer Weine, die schmecken halt alle so gut.

Un allsball do schwank ich mol hie un mol her,
des Glas müsst ich noch treffe - jedenfalls ungefähr.

Un ich glaab, 's geht nix mehr – 's geht nix mehr mehr nei,
's wär jo so arch schaad – um den pälzer Wei.

Der Geist des Weines mir allweil entweicht,
jetzt is Schluss mit dem Trinke – oder doch nur vielleicht.

Un ich glaab, 's geht nix mehr – 's geht nix mehr mehr nei,
's wär jo so arch schaad – um den pälzer Wei.

Hey, en Schorle

(nach der Melodie: Hey, hey Wicki)

Hey, en Schorle,
hopp, Schorle, her,
schenk kräftich jetzt mol ei.
En Abgschpritzde,
mit Wasser un viel Wie,
Nannanana,Schorle, hopp!

Die Angschd vorm Korkgschack machd mich net froh,
un vorm Kater is es ach so,
doch Korkgschmack hie, un Kater her,
Schorletrinke is net schwer.

De Schorle is ball all

(nach der Melodie: The Winner takes it all)

Ich will jetzt kään Schnaps ,
un ach gar käää Bier,
weil des machd mich hie,
so ä ecklich Brie.

Mei Gedanke sinn
nur bei äähm Getränk halt,
Ich lieb nur mein Wei,
so muss es halt sei.

De Schorle is ball all,
was is des fer ä Qual,
schenk schnell noch änner ei,
Jo, was werd dann sei.

Es is vun Gott gemachd,
im Glas der Sunneschein ach lachd.
Schenk ei, des beschd Getränk,
schunschd kriech ich die Kränk

Hol noch schnell ä Glas,
un gäb nochmol Gas,
spiel dei Mailsche aus,
denn dort is de Wei zuhaus.

Es is flüssichi Frääääd.
Beim trinke vergischd s Lääd,
Debei kannschd glicklich sei.
Gott sei dank, gibt's Wei.

Gott sei dank, gibt's Wei,
der machd froh un frei,
Gott sei dank, gibt's Wei,
Zeit zum Glicklichsei.

Un is die Flasch ball leer,
werd es Lewe schweer,
awwer Rettung naht:
S gibt noch Morio-Muskat.

Un falls du des nimmi willschd,
gugge mer, dassd net briielschd,
So gibt es gar käään Krach,
weil Riesling hämmer ach.

De Schorle is ball all,
was is des fer ä Qual,
Bring ganz schnell her die Brie,
schunschd is die Stimmung hie.

Gott sei dank, gibt's Wei,
der machd froh un frei,
Gott sei dank, gibt's Wei,
Zeit zum Gliecklichsei.

Ich hab immer Dorschd,
doch des is mir Worschd,
weil s is gar net so schwer,
kumm, trinke mer de Keller leer.

Ich lieb flascheweis,

Wein mit un ohne Preis,
gutes großes Gewächs,
trink jetzt, un loss des Gschwätz.

Uffbasse! Owachd!
Gott sei dank, gibt's Wei,
der machd froh un frei,
Gott sei dank, gibt's Wei,
Zeit zum Gliecklichsei.

Mir liewen alle Wei aus St. Martin

(nach der Melodie: Yellow submarine)

In dem Dorf, wo mir all lääääwe,
gebs die allerbeschde Rääääwe,
weil die Winzer sich bemiehn,
in dem Derfel St. Martin.

Golden scheint der Sunneschei,
un des zeichd sich ach im Wei,
weil die Sunn im Glas is drin,
in dem Derfel St. Martin.

Mir liewen alle Wei aus St. Martin,
Wei aus St. Martin, Wei aus St. Martin.
Mir liewen alle Wei aus St. Martin,
Wei aus St. Martin, Wei aus St. Martin.

Einem jedem hier gefallt,
Wein un Wingert un de Wald.
Kummschd aus Kiel oder aus Wien.
Werschd du liewe (Wei aus) St. Martin.

Un bischd du do, willschd nimmi fort.
Liewe werschd den Wei im Ort.
Weil Gedanke kinn entfliehn,
mit dem Wei aus St. Martin.

Mir liewen alle Wei aus St. Martin,
Wei aus St. Martin, Wei aus St. Martin.
Mir liewen alle Wei aus St. Martin,
Wei aus St. Martin, Wei aus St. Martin.

Malenga

(nach der Melodie: Biene Maya)

In unserm schönen pfälzer Land,
vor gar nicht allzulanger Zeit,
war dieser Weißwein sehr bekannt,
den man trank immer weit und breit.

…und dieser Weißwein, den ich meine, heißt Malenga….
trocken, lieblicher Malenga.
Malenga, verschönert uns die Welt,
ein Wein, der weiß, was uns gefällt.
Wir trinken heute unsern Lieblingswein Malenga…
trocken, lieblicher Malenga.
Malenga, ja, Malenga,
Malenga,Malenga,
Malenga, zuzzel ich aus.

Wenn ich an einem schäine Dach,
durch die viele Wingertszeile geh',
und die viele Räbsteck so schä seh',
denk' ich an än Wei, den ich mach:…

Hey, super Wei

(nach der Melodie: Pippi Langstrumpf)

Riesling un Burgunder,
widdewiddewitt, des is ä groß Gewächs,
Ich mach mir mei Hektar,
zum liebschde Nektar.

Hey, super Rewe,
trallari trallahey tralla hoppsasa,
hey, super Rewe,
dofier du ich lewe.
Hey, super Rewe,
trallari trallahey tralla hoppsasa,
hey, super Rewe,
Dofier du ich lewe.

Ich hab en Fendt,
en immergrüne Fendt,
Ä Kärchel un ä Spritz,
Un zwä Hektar ohne Witz.
Ich hab ä Hott,
ä Kelder, än Bulldog,
ä Feld mit ganz viel Stiewel,
un ganz viel Trauwe im Kiwwel.

Viel Trauwe gibt viel Wei,
widdewwiddewitt, un der is mei,
die schäine Weiwelt,
Mir un meine Rewe sehr gefällt.

Hey, super Wei,
trallari trallahey tralla hoppsasa,
Hey, super Wei,
kumm, geh fort, schenk änner ei.

Ich mach ä groß Gewächs - widdewidde
Wer will's von mir lernen?
Alle groß und klein,
trallalala lad' ich zu mir ein.

Ich hab' ä Hall,
mit Ahbaugeräde drin,
wo Labschneider un Spritz,
un Vollernter un Bidde sin.
Ich hab' mein Wei,
hab Wingert un hab Feld,
hab Keller un Fässer,
un de beschde Wei der Welt.

Abfillahlag, Schleich
Un die Bumb hol ich ach gleich,
Edigged uff die Flasch,
un de Korke druff ganz rasch.

Hey, super Wei,
trallari trallahey tralla hoppsasa,
Hey, super Wei,
kumm, geh fort, schenk änner ei.
Hey, super Wei,
trallari trallahey tralla hoppsasa,
Hey, super Wei,
kumm, geh fort, schenk änner ei.

De Herbschd kummd hääm

(nach der Melodie: Three lions (football coming home))

Es gehd ball lous,
Es gehd ball lous,
Es gehd ball lous,
de Herbschd kummd häm, de Herbschd kummd häm. De Herbschd
kummd.
de Herbschd kummd häm, de Herbschd kummd häm. De Herbschd
kummd.
de Herbschd kummd häm, de Herbschd kummd häm. De Herbschd
kummd.

Blueskiddel un Stiwwel zieh mer ah,
de Fendt mache mer klar,
es Maischekärchel ach drah,
un dann geht's zum Feld,
un zum Wingert hie,
s is Herbschdzeit wie noch nie,
hol de Wei, hol die Brie,
un ich pläär los:

Öchslegrade nuuf,
Trauwe in die Kiwwel nei,
uff die Kelder druff,
es gebd en gude Wei.

Der Johrgang werd gut, kä Herling do,
un ich wär widder froh,
alles gut, inja un ahjo.
Ab naus in ins Feld, ind Wingert,
s Räwemeer schäi schimmert,
s Wetter uns net hinnert,
jetzt werd gherbschd!

Egal was kummd, ich wääß,
Mir machen gudi Spätlääs!

de Herbschd kummd häm, de Herbschd kummd häm. De Herbschd kummd.
de Herbschd kummd häm, de Herbschd kummd häm. De Herbschd kummd.
de Herbschd kummd häm, de Herbschd kummd häm. De Herbschd kummd.
de Herbschd kummd häm, de Herbschd kummd häm. De Herbschd kummd.

Öchslegrade nuuf,
Trauwe in die Kiwwel nei,
uff die Kelder druff,
es gebd en gude Wei.

Ich kriech net genuch

(nach der Melodie: Just can't get enough)

Wenn ich än Schorle hab,
is der ach ganz schnell leer,
ich kriech net genuch,
ich kriech net genuch,

Un hab ich mol ä Fläschel,
falld mers trinke ach net schwer,
ich kriech net genuch,
ich kriech net genuch,

Es is so schäi, es kinnd net besser sei,
awwer ich kriech net genuch vum Wei.

Ich hab viel Kischde,
un mei Fässer sin ach voll,
ich kriech net genuch,
ich kriech net genuch,

Ich trink die Weine aus,
weil die sinn jo ach so toll,
ich kriech net genuch,
ich kriech net genuch.

Ich will net bebbre, es is ach kä Pinserei,
awwer ich kriech net genuch vum Wei.

Un ich kriech net genuch.
Un ich kriech net genuch.
Un ich kriech net genuch.

Egal wie viel ich hab,
kumm, mir ziehn ä Fläschl uff,
ich kriech net genuch,
ich kriech net genuch.

Uff uns un de Wei,
mir machen noch änner druff,
ich kriech net genuch,
ich kriech net genuch.

Jo, alla hopp, ich hab noch was zum drinke debei,
weil ich kriech net genuch vum Wei.

Es is so schäi, es kinnd net besser sei,
Awwer ich kriech net genuch vum Wei.

Du bischd Made

(nach der Melodie: Du bist Kölle)

Du bischd de Borchemäschder, du bischd die KAB,
Du bischd de Arzt, de Schneeganß, un vertreibschd ach jedes Weh.

Du bischd die Kärch, die alt Kellerei, de Brunne,
Kärchechor un Arche Musica, un im Herrgott gut gelunge.

Du bischd en sieße un saure Schorle, Cola-Rot un Cola-Weiß,
bischd en Abgspritze un Pure, un machschd ach mit bei jedem Scheiß.

Du bischd Made, ob du willschd oder ach nit.
Du bischd Made, weil's kenn echdere Mademerer gibt.
Du bischd Made. Du trinkschd bis zu de unnere Owwerkant.
Nimmschd jeden uff de Arm un an die Hand.

Du bischd Krebbenetz, Offschnitt un Lewwerworschd,
An Kerwe Riesling- un Festschoppeschorle, un hoschd mehr wie annre
Dorschd.

Du bischd die Haardtmadonna, bischd die Kropsburch,
Du bischd die Hub un Spelweld, un ziehschd iwwer de Brädenacker die
grehschd Furch.
Du bischd die Auerochse, un noch die Kuh dezu,
du bischds Tal, de Bräde- un Hochberch, des alles, des bischd du.

Du bischd Made, ob du willschd oder ach nit .
Du bischd Made, weil's Mademer nur in Made gibt.
Du bischd Made. Du trinkschd aus vun unne bis zum Rand.
Nimmschd jeden uff de Arm un an die Hand.

Du bischd es schäinschde Dorf, un de wunderbarschde Ort der Welt.
Du bischd zum lache un verliewe, un leider hoschd ach niemols Geld.

Wenn dir des alles net genuch is, dann bischd du schlau, net dumm,
Du bischd KFD, TuS, junge Kantorei, un vor allem es Pfarrzentrum.

Pfälzerwaldverein, Weinbauverein, Trachtegrupp un Feierwehr noch
dezu.
Du ganz allä bischd Made, ganz Made des bischd du.

Du bischd Made, ob du willschd oder ach nit.
Du bischd Made, weil's kenn echdere Mademerer gibt.
Du bischd Made. Du trinkschd bis zu de unnere Owwerkant.
Nimmschd jeden uff de Arm un an die Hand.

Du bischd Made, ob du willschd oder ach nit .
Du bischd Made, weil's Mademer nur in Made gibt.
Du bischd Made. Du trinkschd bis zu de unnere Owwerkant.
Nimmschd jeden uff de Arm un an die Hand.

Ich bin Made, ob du willschd oder ach nit,
ich bin Made, weil's Krabbe nur in Made gibt.
Ich bin Made. Des is net schäi, des is allerhand.
Ich hoff trotzdem, dass ma mein Beitrag luschdich fand.

De Schorle is net gscheid/sau gscheid

(nach der Melodie: The lion sleeps tonight)

De Schorle is net gscheid;
De Wei oh weh, de Wei, oh weh,

De Schorle is sau gscheid;
De Wei machd scheh, de Wei
machd scheh,

An de Theeeek un uff de Theeek,
De Schorle is net gscheid.
Im Glas, Im Schobbeglas,
De Schorle is net gscheid.

Als Schorle un ach als Pure:
De Wei schmeckd so gut heid.
Trinken aus, schitten nei,
De Wei schmeckd so gut heid.

Beim Eiiiischenke hab ichs geroche, bei eifillle hab ichs gseh

De Schorle is net gscheid.

De Schorle is sau gscheid.

Des is halt schlächdie Brieh ih
Halt, mei Schätzel,
trink net, mei Schätzel,
De Wei bereit heit Leid.
Halt, mei Schätzel,
trink net, mei Schätzel,
De Wei schmeckd heit net gscheid.

S is halt ä schäinii Brieh
Kumm, mei Schätzel,
trink mit uns aus, mei Schätzel,
De Wei vergisst es Leid.
Kumm, mei Schätzel,
trink mit, mei Schätzel,
De Wei schmeckd so gut heit.

Heit wern mir ach gar nimmi brääd.

Heit wern mir ach mol widder brääd.

De Wei machd heid kä Fräääd.
Vun ganz nohem un ach vun weid,

De Wei machd soviel Frääd.
Vun ganz nohem un ach vun weid,

De Schorle is net gscheid.

De Schorle is sau gscheid.

Schlussworte (des Autors) / Nachworte des Herausgebers

Jetzt bist du vielleicht erfreut, glücklich,
verärgert oder enttäuscht,
du last dies' Buch und bist nun ganz betroffen
(oder besoffen?),
das Buch schlägst du nun zu,
und dennoch: Alle Fragen offen.

Herzliche Grüße

Patrick Christmann / Eros Amore

Pressestimmen (in Auswahl):

„Bei einem Blattpreis von dieser Qualität ist das Buch 8 wert. Sie machen also einen Verlust von geschätzt und gefühlt 9 Euro. Eine Wertsteigerung ist nicht zu erwarten. Summa summarum: ein ganz negativer Cash-flow." (financial times deutschland / Handelsblatt)

„Zu lachen gibt's da nichs. Traurig. Traurig. Traurig." (PEN-Club Deutschland, Internationale Clownsvereinigung)

„Zu links." (Günther Grass)

„Mich dünkt, der Alte spricht im Fieber" (Johann Wolfgang Goethe)

„Alles Lüge." (Käptn Blaubär)

„Wenn ich zwei Stunden Zeit hätte, um ein gutes Buch zu lesen. Dieses wäre es nicht." (Abraham Lincoln)

„Das arme Papier." (Deutsche Holz- und Papierinnung; NaBu)

„Ehder wannerd en Elwedrittsche ins Saarland aus oder ehder trinkd än Pälzer drei Dach lang nur Wasser, als dass des Bichel mol wärklich gut is un erfolgreich wärd." (ein ungenannter Pfälzer)

„Für ein Tor, das nur 2,16 m hoch ist, genau das Richtige, um es zwei Zentimeter höher zu machen. Das Buch lässt sich sehr gut unter den Pfosten legen und kann so die optimale Höhe erreichen. Im Frauenfußball kann es aber auch Gefühle jedweder Art hervorrufen." (11 freunde)

„Versmaß: befriedigend; Metrum: mangelhaft (führt zur Abwertung); Inhalt/Thematiken: ungenügend; Qualität: ausreichend; Material: befriedigend; Gesamturteil: noch ausreichend." (Stiftung Warentest)

„Gequirlte Scheiße und dazu noch schlecht!" (BILD)

„Das erste Mal, dass BILD neben dem Datum auf der Zeitung die Wahrheit veröffentlicht." (taz)

„Waaaaaahnsinn! Waaaaaaaaaaaahnsinn!" (Patientenzeitung Der Neurologe)

„Wir veröffentlichen nichts von schlechter Qualität und keinerlei öffentlicher Relevanz." (Verbandsgemeindeblatt Edenkoben)

„Wer ist eigentlich dieser Patrick Christmann?" (Die Rheinpfalz)

„Ja, spinnt der Christmann denn jetzt total???" (der kleine Mann von der Straße)

„Das Beste im Buch sind die Pressestimmen." (jeder Leser)

[Coverbild: eigene Aufnahme, Carrowmore/Sligo/Irland, 2015]